les zoom's

Exercices de comptabilité générale

avec corrigés détaillés

Principes généraux
Opérations courantes
Opérations de fin d'exercice

7e édition
2009-2010

à jour des dernières nouveautés
du Plan comptable
et de leurs incidences fiscales

Béatrice et Francis GRANDGUILLOT

sont professeurs de comptabilité-gestion et de fiscalité dans plusieurs établissements d'enseignement supérieur ainsi que dans différents cycles de formation continue.

Des mêmes auteurs

Collection Les Zoom's

- Fiscalité française – édition annuelle en janvier
- Exercices de fiscalité française avec corrigés – édition annuelle en janvier (avec Christine Noël)
- Comptabilité générale – 13e édition
- Exercices de comptabilité générale avec corrigés – 7e édition
- Analyse financière – 13e édition
- Exercices d'analyse financière avec corrigés détaillés – 2e édition
- Comptabilité de gestion – 10e édition
- Comptabilité des sociétés – 7e édition

Collection En poche

- Fiscal – édition annuelle en janvier
- Les sociétés commerciales
- Comptable 2009-2010
- Devenez Auto-entrepreneur

Collection Carrés Rouge

- L'essentiel du Droit fiscal – édition annuelle en janvier
- L'essentiel des Opérations courantes en comptabilité générale – 2e édition
- L'essentiel des Opérations de fin d'exercice en comptabilité générale – 2e édition
- L'essentiel de l'Analyse financière – 8e édition
- L'essentiel de la Comptabilité de gestion – 3e édition
- L'essentiel du Contrôle de gestion – 4e édition
- L'essentiel du Droit des sociétés – 8e édition

Collection Manuel d'expertise comptable

- Introduction à la comptabilité – 3e édition

Béatrice et Francis GRANDGUILLOT

Exercices de comptabilité générale

avec corrigés détaillés

Principes généraux
Opérations courantes
Opérations de fin d'exercice

7e édition
2009-2010

à jour des dernières nouveautés
du Plan comptable
et de leurs incidences fiscales

Gualino
lextenso éditions

COLLECTION

LES ZOOM'S

Sous la direction de Béatrice et Francis Grandguillot

- Organisation et management de l'entreprise – 1re édition 2008 (S. Landrieux-Kartochian et S. Josien)
- La gestion des Ressources humaines – 1re édition 2008 (C. Guillot-Soulez)
- Exercices de Gestion des Ressources Humaines avec corrigés – 1re édition 2009 (H. Cloet, C. Guillot-Soulez et S. Landrieux-Kartochian)
- Le Marketing – 1re édition 2008 (S. Soulez)
- Exercices de marketing avec corrigés – 1re édition 2009 (S. Soulez, S. Halla et T. Imbert)
- Comptabilité générale – *Principes généraux, opérations courantes, opérations de fin d'exercice* – 13e édition 2009 (B. et F. Grandguillot)
- Exercices de comptabilité générale avec corrigés détaillés – 7e édition 2009 (B. et F. Grandguillot)
- Analyse financière – 13e édition 2009 (B. et F. Grandguillot)
- Exercices d'analyse financière avec corrigés – 3e édition 2008 (B. et F. Grandguillot)
- Fiscalité française 2009 – (B. et F. Grandguillot) – édition annuelle
- Exercices de fiscalité avec corrigés 2009 – édition annuelle (B. et F. Grandguillot et Ch. Noël)
- Comptabilité des sociétés – 7e édition 2009 (B. et F. Grandguillot)
- Comptabilité de gestion – 10e édition 2009 (B. et F. Grandguillot)
- Économie générale – 5e édition 2009 (P. Monier)
- Droit du travail et de la sécurité sociale – 11e édition 2009 (D. Grandguillot)
- Les institutions publiques françaises et européennes – 2e édition 2008 (D. Grandguillot)
- Introduction au droit – 1re édition 2008 (L. Lethielleux)
- Droit des sociétés – 1re édition 2008 (L. Lethielleux)
- Stratégie d'entreprise – 1re édition 2009 (J. Bouglet)

ISBN 978 - 2 - 297 - 01231 - 7

Présentation

*L'***ensemble des connaissances** *nécessaires à la compréhension des techniques de comptabilisation de toutes les opérations de l'entreprise est développé dans le livre rédigé par les mêmes auteurs et publié dans la même collection :*

Comptabilité générale *(collection les Zoom's)*

Principes généraux

Opérations courantes

Opérations de fin d'exercice

La mise en œuvre de ces connaissances *vous est facilitée par le présent ouvrage :*

Exercices de Comptabilité générale avec corrigés détaillés

Principes généraux

Opérations courantes

Opérations de fin d'exercice

Ces 80 exercices de Comptabilité générale avec leurs corrigés détaillés *vont vous permettre de vous* **entraîner** *et de* **pratiquer** *la comptabilité générale à l'aide d'énoncés proches de la réalité du travail des services comptables des entreprises.*

Ce livre vous fera acquérir le **savoir-faire** *indispensable pour résoudre avec succès les exercices de comptabilité générale de vos devoirs et de vos examens ; il vous* **donnera la maîtrise** *des principes et des techniques de comptabilisation des différentes opérations de l'entreprise. Tout y est développé et méthodiquement expliqué à l'aide de corrigés détaillés.*

L'ensemble constitue le véritable **outil de travail et d'entraînement** *pour l'étudiant en comptabilité générale.*

Liste des abréviations utilisées

AV : Avoir
AMTS : Amortissements
BO : Billet à ordre
C : Crédit
CA : Chiffre d'affaires
CH : Chèque
CMUP : Coût moyen unitaire pondéré
CRDS : Contribution au remboursement de la dette sociale
CSG : Contribution sociale généralisée
D : Débit
DAP : Dotations aux provisions
DOTS : Dotations
EURL : Entreprise unipersonnelle à responsabilité limitée
FA : Facture
GLA : Grand-livre auxiliaire
IFA : Impôt forfaitaire annuel
IS : Impôt sur les sociétés
JD : Journal divisionnaire
LC : Lettre de change
Mses : Marchandises
« N » : Exercice en cours
« N – 1 » : Exercice précédent
« N + 1 » : Exercice suivant
OD : Opérations diverses
PCG : Plan comptable général
PROV : Provisions
RAP : Reprise sur provisions
RRR : Rabais, Remises et Ristournes
SA : Société anonyme
SARL : Société à responsabilité limitée
SC : Solde créditeur
SD : Solde débiteur
SF : Stock final
SI : Stock initial
TCA : Taxes sur le chiffre d'affaires
TTC : Toutes taxes comprises
TVA : Taxe sur la valeur ajoutée
VA : Valeur actuelle
VMP : Valeurs mobilières de placement
VO : Valeur d'origine
VNC : Valeur nette comptable
ou VCN : Valeur comptable nette

Sommaire

Partie 1
Les principes généraux de la comptabilité

Partie 2
Les opérations courantes

Partie 3
Les opérations de fin d'exercice

PARTIE 1

Les principes généraux de la comptabilité

THÈME 1

Le bilan et le compte de résultat simplifiés

EXERCICE 1 Établissement d'un bilan

La situation des comptes de bilan de la société Pendref se présente ainsi au 31 décembre N :

– Banques	:	*2 200 € ;*
– Caisse	:	*450 € ;*
– Capital	:	*16 000 € ;*
– Clients	:	*9 300 € ;*
– Dettes sociales	:	*2 500 € ;*
– Emprunts	:	*7 500 € ;*
– Fournisseurs	:	*5 720 € ;*
– Matériel de bureau	:	*4 950 € ;*
– Matériel de transport	:	*8 500 € ;*
– Mobilier	:	*2 200 € ;*
– Prêt	:	*570 € ;*
– Stocks de marchandises	:	*4 400 €.*

■ *Présenter le bilan au 31 décembre N.*

CORRIGÉ

Le résultat se calcule par différence entre les éléments constitutifs de l'actif et les éléments constituant le passif :

Actif – Passif = Résultat

Le résultat se place dans la rubrique des capitaux propres.

Le bilan se présente comme suit :

Bilan au 31 décembre N

Actif	Exercice N	Passif	Exercice N
Actif immobilisé		**Capitaux propres**	
Immobilisations corporelles		Capital	16 000
Matériel de transport	8 500	Résultat[2]	+ 850
Matériel de bureau	4 950		
Mobilier	2 200		
Immobilisations financières			
Prêt	570		
Total I	16 220	Total I	16 850
Actif circulant		**Dettes**	
Stocks et en-cours	4 400	*Dettes financières*	
Clients	9 300	Emprunt	7 500
Disponibilités[1]	2 650	*Dettes d'exploitation*	
		Fournisseurs	5 720
		Dettes sociales	2 500
Total II	16 350	Total II	15 720
Total général	32 570	Total général	32 570

(1) 2 200 + 450.

(2) Total actif – Total provisoire passif : 32 570 – 31 720.

EXERCICE 2 Variation du patrimoine

La société Monfret vous communique son bilan de départ au 1er mars N :

Actif	Exercice N	Passif	Exercice N
Actif immobilisé		**Capitaux propres**	
Immobilisations corporelles		Capital	48 000
Agencements et installations	8 000		
Matériel de bureau	7 300		
Mobilier	4 500		
Total I	19 800	Total I	48 000
Actif circulant		**Dettes**	
Stocks de marchandises	29 000	*Dettes financières*	
Disponibilités	5 200	Emprunt	6 000
Total II	34 200	Total II	6 000
Total général	54 000	Total général	54 000

Après une année d'activité, les éléments intéressant la situation patrimoniale de la société sont les suivants :

– une partie de l'emprunt a été remboursée à concurrence de 1 500 € ;

– un véhicule a été acquis pour 9 000 € ;

– les fournisseurs ont accordé un délai de paiement pour 4 800 € ;

– les clients doivent 6 700 € ;

– le stock de marchandises au 28 février N + 1 est de 22 000 € ;

– les espèces détenues en caisse s'élèvent à 350 € ;

– le montant disponible en banque est de 3 650 €.

■ *Dresser le bilan au 28 février N + 1.*

■ *Justifier la variation de chaque rubrique du bilan.*

CORRIGÉ

1 – Le bilan

Au 28 février N + 1, le bilan de la société Monfret est le suivant :

Bilan au 28 février N + 1

Actif	Exercice N	Passif	Exercice N
Actif immobilisé		**Capitaux propres**	
Immobilisations corporelles		Capital	48 000
Agencements et installations	8 000	Résultat[2]	+ 4 200
Matériel de transport	9 000		
Matériel de bureau	7 300		
Mobilier	4 500		
Total I	28 800	Total I	52 200
Actif circulant		**Dettes**	
Stocks et en-cours	22 000	*Dettes financières*	
Clients	6 700	Emprunt[3]	4 500
Disponibilités[1]	4 000	*Dettes d'exploitation*	
		Fournisseurs	4 800
Total II	32 700	Total II	9 300
Total général	61 500	Total général	61 500

(1) 350 + 3 650.

(2) Total actif – Total provisoire passif : 61 500 – 57 300.

(3) 6 000 – 1 500.

2 – La variation des rubriques

La comparaison du bilan de départ avec le bilan au 28 février N + 1 permet de constater que les quatre rubriques : actif immobilisé, actif circulant, capitaux propres, dettes, ont évolué.

La justification des variations est présentée dans le tableau ci-dessous :

Rubriques au 1er mars N	Variations		Rubriques au 28 février N + 1
	+	–	
Actif immobilisé : 19 800	9 000 (matériel de transport)		28 800
Actif circulant : 34 200	6 700 (clients)	7 000 (stocks) 1 200 (disponibilités)	32 700

Rubriques au 1er mars N	Variations		Rubriques au 28 février N + 1
	+	–	
Capitaux propres : 48 000	4 200 (résultat)		52 200
Dettes : 6 000	4 800 (fournisseurs)	1 500 (emprunt)	9 300

EXERCICE 3 Variation des stocks

La société Le Goff, producteur de produits laitiers, vous communique les éléments suivants :

Nature des stocks	Stocks initiaux	Stocks finals
Stocks de matières premières	*25 312*	*37 416*
Stocks d'emballages	*3 230*	*2 848*
Stocks de produits finis	*38 140*	*54 940*

- *Calculer et interpréter les variations des stocks de matières premières et d'emballages.*
- *Calculer et interpréter la variation des stocks de produits finis.*
- *Indiquer l'incidence de ces variations de stocks sur le compte de résultat.*

CORRIGÉ

1 – Les variations des stocks de matières premières et d'emballages

Les variations des stocks de matières premières et d'emballages se calculent par différence entre :

Stock initial – Stock final

Soit :

– pour les matières premières : 25 312 – 37 416 = – 12 104 €.

La variation est négative car le stock final est supérieur au stock initial : l'entreprise constate une augmentation de ses stocks ;

– pour les emballages : 3 230 – 2 848 = 382 €.

La variation est positive car le stock initial est supérieur au stock final : l'entreprise a consommé du stock.

2 – La production stockée

La production stockée se calcule par différence entre :

Stock final – Stock initial

Soit pour les produits finis : 54 940 – 38 140 = + 16 800 €.

La variation est positive car le stock final est supérieur au stock initial. Elle traduit pour l'entreprise une augmentation des stocks de produits finis.

3 – L'incidence des variations des stocks sur le compte de résultat

La variation négative du stock de matières premières vient minorer les achats de matières premières et de ce fait entraîne une diminution des charges de l'exercice.

La variation positive du stock d'emballages vient majorer les achats d'emballages, ce qui a pour effet d'augmenter les charges de l'exercice.

La variation positive de la production stockée s'ajoute à la production vendue et donc augmente les produits de l'exercice.

EXERCICE 4 Établissement d'un compte de résultat

La société Le loch, entreprise commerciale, vous communique les opérations de gestion qu'elle a réalisées au cours de l'exercice « N » :

– elle a consommé 12 300 € d'eau, de gaz et d'électricité ;

– ses frais de télécommunications se sont élevés à 10 450 € ;

– l'entretien des locaux a coûté 6 200 € ;

– les charges de personnel se montent à 37 800 € ;

– elle a réglé 5 700 € de taxes diverses ;
– les intérêts de l'emprunt relatifs à l'exercice s'élèvent à 3 950 € ;
– l'usure des investissements est évaluée à 2 840 € pour cet exercice ;
– elle a acheté 394 000 € de marchandises ;
– son chiffre d'affaires s'élève à 509 000 € ;
– le placement à court terme de sa trésorerie lui a rapporté 1 380 € ;
– le stock initial de marchandises était de 63 000 € ;
– le stock final de marchandises est de 78 000 €.

■ *Établir le compte de résultat.*

Corrigé

Le compte de résultat se présente comme suit :

Charges	Exercice N	Produits	Exercice N
Charges d'exploitation		**Produits d'exploitation**	
Achats de marchandises	394 000	Ventes de marchandises	509 000
Variation des stocks	– 15 000		
Eau, gaz et électricité	12 300		
Frais de télécommunications	10 450		
Entretien	6 200		
Taxes diverses	5 700		
Charges de personnel	37 800		
Dotations aux amortissements	2 840		
Total I	454 290	Total I	509 000
Charges financières		**Produits financiers**	
Intérêts de l'emprunt	3 950	Revenus de placement	1 380
Total II	3 950	Total II	1 380
Charges exceptionnelles		**Produits exceptionnels**	
Total III		Total III	
Total des charges	458 240	**Total des produits**	510 380
Résultat de l'exercice		**Résultat de l'exercice**	
Bénéfice	52 140	Perte	
Total général	510 380	Total général	510 380

La variation des stocks de marchandises est égale à :

Stock initial – Stock final

63 000 – 78 000 = – 15 000 €.

La variation est négative, elle se soustrait aux achats de marchandises.

Le résultat dégagé par l'entreprise est un bénéfice puisque le total des produits (510 380 €) est supérieur au total des charges (458 240 €). Il se place du côté des charges pour équilibrer le tableau.

EXERCICE 5 Bilan et compte de résultat : double détermination du résultat

Le bilan de l'entreprise Quintin se présente comme suit en début d'exercice « N » :

Bilan

Actif	Exercice N	Passif	Exercice N
Actif immobilisé		**Capitaux propres**	
Immobilisations incorporelles		Capital	100 000
Fonds commercial	45 000		
Total I	45 000	Total I	100 000
Actif circulant		**Dettes**	
Clients	25 000	*Dettes d'exploitation*	
Disponibilités[1]	50 000	Fournisseurs	20 000
Total II	75 000	Total II	20 000
Total général	120 000	Total général	120 000

(1) banque : 35 000 € ; caisse 15 000 €

L'entreprise réalise les opérations suivantes :

1 – Acquisition d'un matériel industriel au comptant, par chèque bancaire, pour un montant de 28 000 € ;

2 – Achat de marchandises au comptant, par chèque bancaire, pour un montant de 5 700 € ;

3 – Emprunt de 50 000 € auprès de sa banque, le virement est effectué sur son compte bancaire ;

4 – Vente de marchandises à crédit pour un montant de 54 900 € ;

5 – Virement bancaire de 8 000 € d'un client sur le compte de l'entreprise ;

6 – Règlement des salaires par un virement bancaire de 40 000 €.

- *Classer les opérations en opérations de gestion ou en opérations de patrimoine.*
- *Établir les tableaux de synthèse à la suite de ces opérations.*

Corrigé

1 – Le classement des opérations

Il faut repérer pour chaque opération si elle concerne l'activité de l'entreprise ou bien si elle n'intéresse que le patrimoine.

Les opérations **1 – 3 – 5** ne concernent que le patrimoine ; elles ne génèrent pas de résultat, puisque les valeurs se compensent à l'intérieur du bilan.

Les opérations **2 – 4 – 6** concernent l'activité de l'entreprise : ce sont donc des opérations de gestion ; elles génèrent un résultat :

- les opérations **2** et **6** appauvrissent le patrimoine au moment où elles sont constatées ; la perte qui en découle est de : 5 700 + 40 000 = 45 700 € ;
- l'opération **4** enrichit le patrimoine au moment où elle est constatée ; le bénéfice qui en découle est de 54 900 €.

La formation du bénéfice s'obtient par la somme algébrique du résultat de chaque opération de gestion, soit : 54 900 – 45 700 = 9 200 €.

2 – Les tableaux de synthèse

La justification des variations des rubriques du bilan est présentée dans le tableau ci-dessous :

Rubriques en début d'exercice	Variations		Rubriques en fin d'exercice
	+	–	
Actif immobilisé : 45 000	28 000 (matériel)		73 000
Actif circulant : 75 000	54 900 (clients) 50 000 (disponibilités) 8 000 (disponibilités)	8 000 (clients) 28 000 (disponibilités) 5 700 (disponibilités) 40 000 (disponibilités)	106 200
Capitaux propres : 100 000	9 200 (résultat)		109 200
Dettes : 20 000	50 000 (emprunt)		70 000

Les tableaux de synthèse se présentent comme suit :

Actif	Exercice N	Passif	Exercice N
Actif immobilisé		**Capitaux propres**	
Immobilisations incorporelles		Capital	100 000
Fonds commercial	45 000	**Résultat**	9 200
Immobilisations corporelles			
Matériel	28 000		
Total I	73 000	Total I	109 200
Actif circulant		**Dettes**	
Clients[1]	71 900	*Dettes financières*	
Disponibilités[2]	34 300	Emprunt	50 000
		Dettes d'exploitation	
		Fournisseurs	20 000
Total II	106 200	Total II	70 000
Total général	179 200	Total général	179 200

(1) 25 000 + 54 900 – 8 000
(2) 50 000 – 28 000 – 5 700 + 50 000 + 8 000 – 40 000

Double détermination du résultat

Charges	Exercice N	Produits	Exercice N
Charges d'exploitation		**Produits d'exploitation**	
Achats de marchandises	5 700	Ventes de marchandises	54 900
Salaires et charges sociales	40 000		
Total I	45 700	Total I	54 900
Charges financières		**Produits financiers**	
Total II		Total II	
Charges exceptionnelles		**Produits exceptionnels**	
Total III		Total III	
Total des charges	45 700	**Total des produits**	54 900
Résultat de l'exercice		**Résultat de l'exercice**	
Bénéfice	9 200	Perte	
Total général	54 900	Total général	54 900

Le résultat de l'exercice (bénéfice de 9 200 €) dégagé dans le compte de résultat est identique à celui déterminé dans le bilan (bénéfice de 9 200 €).

La relation suivante est respectée :

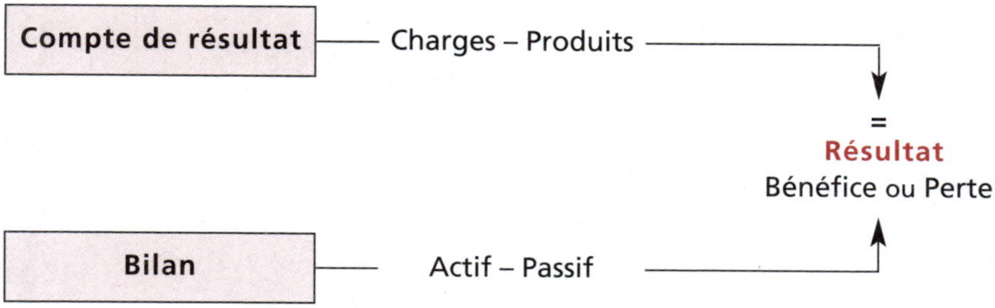

THÈME 2

Le Plan comptable général
Le compte et la partie double

EXERCICE 6 Classement des comptes

La liste des comptes suivants vous est communiquée :

- *607 Achats de marchandises ;*
- *101 Capital ;*
- *512 Banques ;*
- *411 Clients ;*
- *706 Prestations de services ;*
- *37 Stocks de marchandises ;*
- *164 Emprunts auprès des établissements de crédit ;*
- *7626 Revenus des prêts ;*
- *211 Terrains ;*
- *666 Pertes de change ;*
- *421 Personnel – Rémunérations dues ;*
- *775 Produits des cessions d'éléments d'actif ;*
- *50 Valeurs mobilières de placement ;*
- *261 Titres de participation ;*
- *74 Subventions d'exploitation ;*
- *621 Personnel extérieur à l'entreprise ;*

– *120* *Résultat de l'exercice (bénéfice) ;*

– *6717* *Rappels d'impôts (autres qu'impôts sur les bénéfices).*

■ *Indiquer pour chacun des comptes la rubrique du bilan ou celle du compte de résultat concernée.*

CORRIGÉ

1 – Les comptes de bilan

Les comptes de bilan regroupent les comptes des classes 1 à 5.

Le bilan est structuré en quatre rubriques. Chacune d'elles comprend des comptes d'une même classe ou de plusieurs classes selon sa nature :

Rubriques	Classes	Comptes de l'entreprise
Actif immobilisé	2	211 et 261
Actif circulant	3, 4 et 5	37, 411, 50 et 512
Capitaux propres	1	101 et 120
Dettes	1, 4 et 5	164 et 421

2 – Les comptes de gestion

Les comptes de gestion regroupent les comptes des classes 6 et 7.

Le compte de résultat comprend six rubriques symétriques. Chacune d'elles regroupe des comptes concernant la même activité :

Rubriques	Comptes principaux	Comptes de l'entreprise
Charges d'exploitation	60 à 65 et 681	607 et 621
Charges financières	66 et 686	666
Charges exceptionnelles	67 et 687	6717

Rubriques	Comptes principaux	Comptes de l'entreprise
Produits d'exploitation	70 à 75 et 781	706 et 74
Produits financiers	76 et 786	7626
Produits exceptionnels	77 et 786	775

EXERCICE 7 Partie double

Vous disposez des informations suivantes :

1 – Achats de marchandises à crédit :	*12 000 € ;*
2 – Ventes de marchandises, au comptant, en espèces :	*320 € ;*
3 – Paiement du loyer par chèque bancaire :	*1 000 € ;*
4 – Emprunté à la banque :	*40 000 € ;*
5 – Dépôt d'espèces en banque :	*1 000 € ;*
6 – Achat d'une camionnette à crédit :	*15 000 € ;*
7 – Règlement d'un fournisseur par chèque :	*12 000 € ;*
8 – Retour de marchandises achetées :	*400 € ;*
9 – Ventes de marchandises à crédit :	*18 000 € ;*
10 – Paiement des salaires par virement bancaire :	*20 000 € ;*
11 – Règlement des clients par chèque :	*9 000 € ;*
12 – Retrait d'espèces par chèque pour alimenter la caisse :	*1 300 €.*

■ *Enregistrer chaque opération dans les comptes concernés.*

NB : les opérations sont indépendantes les unes des autres.

CORRIGÉ

Pour chaque opération, les égalités suivantes doivent être respectées :

> Emploi = Ressource
> Débit = Crédit

Opération 1

Emploi : achats de marchandises ;
Compte de charges : augmentation.

D	607 Achats de marchandises	C
12 000		

Ressource : crédit accordé par le fournisseur ;
Compte de passif : augmentation.

D	401 Fournisseurs	C
		12 000

Opération 2

Emploi : dépôt des espèces en caisse ;
Compte d'actif : augmentation.

D	530 Caisse	C
320		

Ressource : ventes de marchandises ;
Compte de produits : augmentation.

D	707 Ventes de marchandises	C
		320

Opération 3

Emploi : constatation du coût du loyer ;
Compte de charges : augmentation.

D	613 Locations	C
1 000		

Ressource : émission du chèque bancaire ;
Compte d'actif : diminution.

D	512 Banques	C
		1 000

Opération 4

Emploi : virement des fonds en banque ;
Compte d'actif : augmentation.

D	512 Banques	C
40 000		

Ressource : constatation de la dette (emprunt) ;
Compte de passif : augmentation.

D	164 Emprunt	C
		40 000

Opération 5

Emploi : dépôt d'espèces à la banque ;
Compte d'actif : augmentation.

D	512 Banques	C
1 000		

Ressource : retrait d'espèces de la caisse ;
Compte d'actif : diminution.

D	530 Caisse	C
		1 000

Opération 6

Emploi : acquisition d'une camionnette ;
Compte d'actif : augmentation.

D	2182 Matériel de transport	C
15 000		

Ressource : constatation du crédit obtenu ;
Compte de passif : augmentation.

D	404 Fournisseurs d'immobilisations	C
		15 000

Opération 7

Emploi : paiement du fournisseur ;
Compte de passif : diminution.

D	401 Fournisseurs	C
12 000		

Ressource : émission du chèque bancaire ;
Compte d'actif : diminution.

D	512 Banques	C
		12 000

Opération 8

Emploi : diminution de la dette ;
Compte de passif : diminution.

D	401 Fournisseurs	C
400		

Ressource : retour de marchandises ;
Compte de charges : diminution.

D	607 Achats de marchandises	C
		400

Opération 9

Emploi : crédit accordé aux clients ;
Compte d'actif : augmentation.

D	411 Clients	C
18 000		

Ressource : ventes de marchandises ;
Compte de produits : augmentation.

D	707 Ventes de marchandises	C
		18 000

Opération 10

Emploi : constatation du coût des salaires ;
Compte de charges : augmentation.

D	641 Rémunérations du personnel	C
20 000		

Ressource : prélèvement bancaire ;
Compte d'actif : diminution.

D	512 Banques	C
		20 000

Opération 11

Emploi : dépôt des chèques à la banque ;
Compte d'actif : augmentation.

D	512 Banques	C
9 000		

Ressource : règlement des clients ;
Compte d'actif : diminution.

D	411 Clients	C
		9 000

Opération 12

Emploi : dépôt d'espèces en caisse ;
Compte d'actif : augmentation.

D	530 Caisse	C
1 300		

Ressource : retrait d'espèces à la banque ;
Compte d'actif : diminution.

D	512 Banques	C
		1 300

Exercice 8 Enregistrement des opérations dans les comptes et détermination des soldes

La situation des comptes de bilan de la société Arpon, magasin de sport, à l'ouverture de l'exercice « N » se présente ainsi :

– 101 Capital : 80 000 € ;

– 164 Emprunts auprès des établissements de crédit : 12 000 € ;

– 2181 Installations générales, agencements, aménagements divers : 10 000 € ;

– 2183 Matériel de bureau et matériel informatique : 9 000 € ;
– 2184 Mobilier : 2 500 € ;
– 370 Stocks de marchandises : 52 000 € ;
– 401 Fournisseurs : 15 000 € ;
– 411 Clients : 8 600 € ;
– 512 Banques : 23 000 € ;
– 530 Caisse : 1 900 €.

Les opérations suivantes ont été réalisées au cours du mois de janvier :

– 2/1 Achat de rayonnages au comptant par chèque : 2 530 € ;
– 5/1 Achats de marchandises à crédit pour 4 970 € ;
– 10/1 Ventes au comptant réglées par chèques 7 650 € ;
– 11/1 Réglé le fournisseur Spiro par chèque : 3 450 € ;
– 14/1 Paiement du loyer par chèque pour un montant de 4 500 € ;
– 15/1 Achat de cartouches d'encre pour l'imprimante, réglé par un chèque de 130 € ;
– 17/1 Reçu un chèque de 320 € du client Colin ;
– 20/1 Ventes de marchandises au comptant réglées en espèces 2 830 € ;
– 23/1 Prélevé 1 000 € dans la caisse pour les déposer en banque ;
– 28/1 Règlement du salaire du vendeur : 1 295 € par virement bancaire ;
– 30/1 Prélèvement bancaire relatif au remboursement mensuel de l'emprunt : 200 € (dont 14 € d'intérêts).

- *Reporter les soldes au 1er janvier dans les comptes.*
- *Enregistrer les opérations du mois de janvier dans les comptes concernés.*
- *Calculer les soldes de chaque compte à la fin du mois.*

Corrigé

À l'ouverture des comptes :

– les comptes de passif, comptes de ressources (101, 164 et 401), ont un solde créditeur ; ce solde est porté au crédit ;

– les comptes d'actif, comptes d'emplois (2181, 2183, 2184, 370, 411, 512 et 530), ont un solde débiteur ; ce solde est porté au débit.

101 Capital

	D	C	
		80 000	
SC	80 000	80 000	TC

164 Emprunts auprès des établissements de crédit

	D	C	
(*30*)	186	12 000	
TD	186	12 000	TC
SC	11 814		

2181 Installations générales, agencements, aménagements divers

	D	C	
	10 000		
(*2*)	2 530		
TD	12 530	12 530	SD

2183 Matériel de bureau et matériel informatique

	D	C	
	9 000		
TD	9 000	9 000	SD

2184 Mobilier

	D	C	
	2 500		
TD	2 500	2 500	SD

370 Stocks de marchandises

	D	C	
	52 000		
TD	52 000	52 000	SD

401 Fournisseurs

	D	C	
(*11*)	3 450	15 000	
		4 970	(*05*)
TD	3 450	19 970	TC
SC	16 520		

411 Clients

	D	C	
	8 600	320	(*17*)
TD	8 600	320	TC
		8 280	SD

530 Caisse

	D	C	
	1 900	1 000	(*23*)
(*20*)	2 830		
TD	4 730	1 000	TC
		3 730	SD

512 Banques

	D	C	
	23 000	2 530	(*2*)
(*10*)	7 650	3 450	(*11*)
(*17*)	320	4 500	(*14*)
(*23*)	1 000	130	(*15*)
		1 295	(*28*)
		200	(*30*)
TD	31 970	12 105	TC
		19 865	SD

607 Achats de marchandises

	D	C	
(*5*)	4 970		
TD	4 970	4 970	SD

707 Ventes de marchandises

	D	C	
		7 650	(*10*)
		2 830	(*20*)
SC	10 480	10 480	TC

606 Achats non stockés de matières et fournitures

	D	C	
(*15*)	130		
TD	130	130	SD

641 Rémunérations du personnel

	D	C	
(*28*)	1 295		
TD	1 295	1 295	SD

613 Locations

	D	C	
(*14*)	4 500		
TD	4 500	4 500	SD

661 Charges d'intérêts

	D	C	
(*30*)	14		
TD	14	14	SD

EXERCICE 9 Établissement des tableaux de synthèse à partir des soldes des comptes

La société Rosquerno, entreprise de nettoyage, vous communique la liste de ses comptes, avec pour chacun d'eux les totaux de leurs mouvements au 31 mai :

Intitulés des comptes		Totaux débit	Totaux crédit
101	*Capital*		*40 000*
2154	*Matériel industriel*	*12 000*	
2182	*Matériel de transport*	*11 500*	
2183	*Matériel de bureau et matériel informatique*	*5 400*	
2184	*Mobilier*	*2 800*	
274	*Prêts*	*3 000*	*2 000*
401	*Fournisseurs*	*2 900*	*8 700*
411	*Clients*	*15 770*	*3 800*
512	*Banques*	*16 880*	*12 860*
530	*Caisse*	*430*	*120*
606	*Achats non stockés de matières et fournitures*	*4 680*	*650*
615	*Entretien et réparations*	*2 940*	
616	*Primes d'assurances*	*3 600*	
622	*Rémunérations d'intermédiaires et honoraires*	*4 500*	
641	*Rémunérations du personnel*	*14 600*	
706	*Prestations de services*		*31 025*
708	*Produits des activités annexes*		*1 820*
762	*Produits des autres immobilisations financières*		*25*

Les opérations suivantes ont été réalisées au cours du mois de juin :

- *5/6 Réglé par chèque les honoraires de l'expert-comptable pour 1 230 € ;*
- *6/6 Achat de produits d'entretien réglé par chèque pour 1 540 € ;*
- *10/6 Achat d'une cireuse électrique pour 1 009 €, paiement sous 30 jours ;*
- *12/6 Encaissement du loyer d'un entrepôt par chèque : 310 € ;*
- *15/6 Facturation du nettoyage d'entretien de l'école maternelle pour 763 € ;*
- *16/6 Reçu un chèque de 500 € du client Cédar pour règlement d'une facture ;*
- *20/6 Reçu la facture relative à la réparation de deux véhicules : 633 € ;*
- *22/6 Facturation du nettoyage des vitres d'un hôtel pour 426 €, paiement comptant par chèque ;*

– 25/6 Paiement des salaires par virement bancaire : 1 830 € ;

- *Reporter les totaux, comptabiliser les opérations dans les comptes concernés et arrêter ces derniers.*
- *Établir le compte de résultat et le bilan au 30 juin N.*

CORRIGÉ

1 – La tenue des comptes

101 Capital

D			C
SC	40 000	40 000	TC

2154 Matériel industriel

D			C
TD	12 000		
(*10*)	1 009		
TD	13 009	13 009	SD

2182 Matériel de transport

D			C
TD	11 500	11 500	SD

2183 Matériel de bureau et matériel informatique

D			C
TD	5 400	5 400	SD

2184 Mobilier

D			C
TD	2 800	2 800	SD

274 Prêts

D			C
TD	3 000	2 000	TC
		1 000	SD

401 Fournisseurs

D			C
TD	2 900	8 700	TC
		1 009	(*10*)
		633	(*20*)
SC	7 442	10 342	TC

411 Clients

D			C
TD	15 770	3 800	TC
(*15*)	763	500	(*16*)
TD	16 533	4 300	TC
		12 233	SD

512 Banques

D			C
TD	16 880	12 860	TC
(*12*)	310	1 230	(*05*)
(*16*)	500	1 540	(*06*)
(*22*)	426	1 830	(*25*)
TD	18 116	17 460	TC
		656	SD

530 Caisse

D			C
TD	430	120	TC
		310	SD

606 Achats non stockés de matières et fournitures

D			C
TD	4 680	650	TC
(*06*)	1 540		
TD	6 220	5 570	SD

615 Entretien et réparations

D			C
TD	2 940		
(*20*)	633		
TD	3 573	3 573	SD

616 Primes d'assurance

D			C
TD	3 600	3 600	SD

641 Rémunérations du personnel

D			C
TD	14 600		
(*25*)	1 830		
TD	16 430	16 430	SD

622 Rémunérations d'intermédiaires et honoraires

D			C
TD	4 500		
(*05*)	1 230		
TD	5 730	5 730	SD

706 Prestations de services

D			C
		31 025	TC
		763	(*15*)
		426	(*22*)
SC	32 214	32 214	TC

708 Produits des activités annexes

D			C
		1 820	TC
		310	(*12*)
SC	2 130	2 130	TC

762 Produits des autres immobilisations financières

D			C
SC	25	25	TC

2 – Les tableaux de synthèse

a) Compte de résultat

Le compte de résultat regroupe les comptes des classes 6 et 7.

Les comptes de charges présentent un solde débiteur, soit les comptes : 606, 615, 616, 622 et 641.

Les comptes de produits ont un solde créditeur, soit les comptes : 706, 708 et 762.

La société « Rosquerno » est une entreprise de production de services ; son chiffre d'affaires et les produits des activités annexes sont portés dans le poste production vendue.

Le total des produits (34 369 €) est inférieur au total des charges (34 903 €). L'entreprise a réalisé une perte :

Total des produits – Total des charges = Perte

34 369 – 34 903 = – 534 €.

La perte est placée du côté des produits pour équilibrer le tableau.

Le tableau du compte de résultat simplifié est présenté ci-dessous :

Compte de résultat

Charges	Exercice N	Produits	Exercice N
Charges d'exploitation		**Produits d'exploitation**	
Autres achats et charges externes[1]	18 473	Production vendue	34 344
Charges de personnel	16 430		
Total I	34 903	Total I	34 344
Charges financières		**Produits financiers**	
		Intérêts	25
Total II	0	Total II	25
Charges exceptionnelles		**Produits exceptionnels**	
Total III	0	Total III	0
Total des charges	34 903	**Total des produits**	34 369
Résultat de l'exercice		**Résultat de l'exercice**	
Bénéfice		Perte	534
Total général	34 903	Total général	34 903

(1) Ce poste regroupe les achats non stockés et les services extérieurs : 5 570 + 3 573 + 3 600 + 5 730.

b) Bilan

Le bilan regroupe les soldes des comptes des classes 1 à 5.

Les comptes d'actif ont un solde débiteur, soit les comptes : 2154, 2182, 2183, 2184, 274, 411, 512 et 530.

Les comptes de passif ont un solde créditeur, soit les comptes : 101 et 401.

Le total provisoire du passif (47 442 €) est supérieur au total de l'actif (46 908 €). L'entreprise a réalisé une perte :

Total actif – Total passif = Perte

46 908 – 47 442 = – 534 €.

La perte vient diminuer le montant des capitaux propres au passif.

Le résultat déterminé au compte de résultat est identique à celui déterminé au bilan ; la double détermination du résultat est donc respectée.

Le bilan se présente comme suit :

Bilan au 30 juin N

Actif	Exercice N	Passif	Exercice N
Actif immobilisé		**Capitaux propres**	
Immobilisations corporelles		Capital	40 000
Matériel industriel	13 009	Résultat (perte)	– 534
Matériel de transport	11 500		
Matériel de bureau et matériel informatique	5 400		
Mobilier	2 800		
Immobilisations financières			
Prêt	1 000		
Total I	33 709	Total I	39 466
Actif circulant		**Dettes**	
Clients	12 233	*Dettes d'exploitation*	
Disponibilités[1]	966	Fournisseurs	7 442
Total II	13 199	Total II	7 442
Total général	46 908	Total général	46 908

(1) 656 + 310

THÈME 3

Les systèmes comptables

EXERCICE 10 Écritures au journal classique report aux grands livres et balances

Les éléments du patrimoine de l'entreprise Coudert, au 1er avril, sont les suivants :

- *fonds de commerce : 172 000 € ;*
- *matériel et outillage : 158 000 € ;*
- *dépôt sur le compte bancaire : 55 000 € ;*
- *espèces : 15 000 € ;*
- *emprunt auprès de la banque : 150 000 €.*

Les opérations effectuées par l'entreprise Coudert, au cours du mois d'avril, sont :

3/4 Achats à crédit de marchandises pour 10 000 € à Scot et 6 700 € à Kontlert ;

10/4 Règlement par chèque bancaire : 1 600 € pour un dépôt de garantie de 1 200 € et 400 € pour le loyer du mois relatifs au garage ;

13/4 Ventes à crédit de marchandises pour 12 500 € à Dauxerre et 22 000 € à Fournier ;

16/4 L'entreprise règle en espèces 80 € de produits d'entretien et 50 € de fournitures de bureau ;

20/4 Achats de marchandises à crédit au fournisseur Layat pour 14 100 € et au fournisseur Coste pour 15 300 € ;

22/4 Règlement au comptant de la campagne publicitaire par chèque bancaire : 17 500 € ;

24/4 L'entreprise vend des marchandises à crédit à Barantin pour 10 700 € et à Saguez pour 12 100 € ;

26/4 Les clients Dauxerre et Saguez adressent un chèque bancaire pour règlement de leur dette ;

28/4 L'entreprise retourne respectivement à Layat et à Kontlert des marchandises pour 870 € et 1 780 € ;

30/4 *L'entreprise effectue un virement bancaire pour solder les comptes des fournisseurs Layat et Kontlert.*

Ce même jour, elle vend à crédit des marchandises aux clients suivants :

- *Guignat : 7 100 € ;*
- *Krap : 14 500 € ;*
- *Michelon : 8 300 € ;*
- *Pidancier : 13 800 €.*

■ *Enregistrer les opérations au journal classique.*

■ *Établir le grand livre, les grands livres auxiliaires fournisseurs et clients.*

■ *Présenter la balance générale et les balances auxiliaires.*

CORRIGÉ

1 – Le journal

	1/4		
207	Fonds commercial	172 000,00	
215	Installations techniques, matériel et outillage industriels	158 000,00	
512	Banques	55 000,00	
530	Caisse	15 000,00	
101	Capital		250 000,00
164	Emprunts auprès des établissements de crédit		150 000,00
	Création de l'entreprise		
	3/4		
607	Achats de marchandises	16 700,00	
401	Fournisseurs		16 700,00
	Scot FA n° … ; Kontlert FA n° …		
	10/4		
275	Dépôts et cautionnements versés	1 200,00	
613	Locations	400,00	
512	Banques		1 600,00
	CH n°…		
	13/4		
411	Clients	34 500,00	
707	Ventes de marchandises		34 500,00
	Dauxerre FA n° … ; Fournier FA n° …		

	16/4		
6063	Fournitures d'entretien et de petit équipement	80,00	
6064	Fournitures administratives	50,00	
530	Caisse		130,00
	FA n° … ; PC n° …		
	20/4		
607	Achats de marchandises	29 400,00	
401	Fournisseurs		29 400,00
	Layat FA n° … ; Coste FA n° …		
	22/4		
623	Publicité, publications, relations publiques	17 500,00	
512	Banques		17 500,00
	FA n° … ; CH n° …		
	24/4		
411	Clients	22 800,00	
707	Ventes de marchandises		22 800,00
	Barantin FA n° … ; Saguez FA n° … ; (10 700 + 12 100)		
	26/4		
512	Banques	24 600,00	
411	Clients		24 600,00
	Dauxerre CH n° … ; Saguez CH n° … ; (12 500 + 12 100)		
	28/4		
401	Fournisseurs	2 650,00	
607	Achats de marchandises		2 650,00
	Layat AV n° … ; Kontlert AV n° … ; (870 + 1 780)		
	30/4		
401	Fournisseurs	18 150,00	
512	Banques		18 150,00
	Layat VIR n° … ; Kontlert VIR n° … ; (14 100 – 870) + (6 700 – 1 780)		
	d°		
411	Clients	43 700,00	
707	Ventes de marchandises		43 700,00
	Guignat FA n° … ; Krap FA n° … ;		
	Michelon FA n° … ; Pidancier FA n° …		
	Totaux	611 730,00	611 730,00

Le total des mouvements débit est égal au total des mouvements crédit ; le principe de la partie double est donc respecté.

2 – Le grand livre et les grands livres auxiliaires

Grand livre

207 Fonds commercial

D			C
(*1*)	172 000		
TD	172 000	172 000	SD

215 Installations techniques, matériel et outillage industriels

D			C
(*1*)	158 000		
TD	158 000	158 000	SD

512 Banques

D			C
(*1*)	55 000	1 600	(*10*)
(*26*)	24 600	17 500	(*22*)
		18 150	(*30*)
TD	79 600	37 250	TC
		42 350	SD

530 Caisse

D			C
(*1*)	15 000	130	(*16*)
TD	15 000	130	TC
		14 870	SD

101 Capital

D			C
		250 000	(*1*)
SC	250 000	250 000	TC

164 Emprunts auprès des établissements de crédit

D			C
		150 000	(*1*)
SC	150 000	150 000	TC

607 Achats de marchandises

D			C
(*3*)	16 700	2 650	(*28*)
(*20*)	29 400		
TD	46 100	2 650	TC
		43 450	SD

401 Fournisseurs

D			C
(*28*)	2 650	16 700	(*3*)
(*30*)	18 150	29 400	(*20*)
TD	20 800	46 100	TC
SC	25 300		

275 Dépôts et cautionnements versés

D			C
(*10*)	1 200		
TD	1 200	1 200	SD

613 Locations

D			C
(*10*)	400		
TD	400	400	SD

707 Ventes de marchandises

D			C
		34 500	(*13*)
		22 800	(*24*)
		43 700	(*30*)
SC	101 000	101 000	TC

411 Clients

D			C
(*13*)	34 500	24 600	(*26*)
(*24*)	22 800		
(*30*)	43 700		
TD	101 000	24 600	TC
		76 400	SD

6064 Fournitures administratives

D			C
(*16*)	50		
TD	50	50	SD

6063 Fournitures d'entretien et de petit équipement

D			C
(*16*)	80		
TD	80	80	SD

623 Publicité, publications, relations publiques

D			C
(*22*)	17 500		
TD	17 500	17 500	SD

Grand livre auxiliaire fournisseurs

Scot

D		C	
		10 000	(3)
SC	10 000	10 000	TC

Kontlert

D		C	
(28)	1 780	6 700	(3)
(30)	4 920		
TD	6 700	6 700	TC

Layat

D		C	
(28)	870	14 100	(20)
(30)	13 230		
TD	14 100	14 100	TC

Coste

D		C	
		15 300	(20)
SC	15 300	15 300	TC

Grand livre auxiliaire clients

Dauxerre

D		C	
(13)	12 500	12 500	(26)
TD	12 500	12 500	TC

Fournier

D		C	
(13)	22 000		
TD	22 000	22 000	SD

Barantin

D		C	
(24)	10 700		
TD	10 700	10 700	SD

Saguez

D		C	
(24)	12 100	12 100	(26)
TD	12 100	12 100	TC

Guignard

D		C	
(30)	7 100		
TD	7 100	7 100	SD

Krap

D		C	
(30)	14 500		
TD	14 500	14 500	SD

Michelon

D		C	
(30)	8 300		
TD	8 300	8 300	SD

Pidancier

D		C	
(30)	13 800		
TD	13 800	13 800	SD

3 – La balance générale et les balances auxiliaires

Balance générale au 30 avril

Numéro et intitulé des comptes		Mouvements		Soldes	
		débit	crédit	débiteur	créditeur
101	Capital		250 000		250 000
164	Emprunts auprès des établissements de crédit		150 000		150 000
207	Fonds commercial	172 000		172 000	
215	Installations techniques, matériel et outillage industriels	158 000		158 000	
275	Dépôts et cautionnements versés	1 200		1 200	
401	Fournisseurs	20 800	46 100		25 300
411	Clients	101 000	24 600	76 400	
512	Banques	79 600	37 250	42 350	
530	Caisse	15 000	130	14 870	
6063	Fournitures d'entretien et de petit équipement	80		80	
6064	Fournitures administratives	50		50	
607	Achats de marchandises	46 100	2 650	43 450	
613	Locations	400		400	
623	Publicité, publications, relations publiques	17 500		17 500	
707	Ventes de marchandises		101 000		101 000
		611 730	611 730	526 300	526 300

Balance auxiliaire des Fournisseurs au 30 avril

Nom	Mouvement		Soldes	
	débit	crédit	débiteur	créditeur
Scot		10 000		10 000
Kontlert	6 700	6 700		
Layat	14 100	14 100		
Coste		15 300		15 300
	20 800	46 100		25 300

Balance auxiliaire des Clients au 30 avril

Nom	Mouvement		Solde	
	débit	crédit	débiteur	créditeur
Dauxerre	12 500	12 500		
Fournier	22 000		22 000	
Barantin	10 700		10 700	
Saguez	12 100	12 100		
Guignard	7 100		7 100	
Krap	14 500		14 500	
Michelon	8 300		8 300	
Pidancier	13 800		13 800	
	101 000	24 600	76 400	

Du principe de la partie double, découlent les égalités suivantes :

Totaux des mouvements débit/crédit de la balance (611 730) = **Totaux du journal** (611 730)

Total des soldes débiteurs (526 300) = **Total des soldes créditeurs** (526 300)

D'autre part, on constate :

Total des soldes créditeurs de la balance auxiliaire des fournisseurs (25 300) = **Solde créditeur du compte collectif « 401 Fournisseurs »** (25 300)

Total des soldes débiteurs de la balance auxiliaire des clients (76 400) = **Solde débiteur du compte collectif « 411 Clients »** (76 400)

EXERCICE 11 Système centralisateur informatisé

La société Orga, papeterie, tient sa comptabilité à l'aide d'un progiciel comptable traditionnel.

Elle utilise les journaux auxiliaires suivants :

– un journal des achats à crédit ;

– un journal des ventes à crédit et au comptant ;

– un journal de banque ;

– un journal de caisse ;

– et un journal des opérations diverses.

Les opérations relatives au journal de banque sont les suivantes pour le mois de juin :

2/6 Ventes au comptant contre chèques : 3 800 € ;

10/6 Retrait d'espèces de la caisse pour alimenter la banque : 600 € ;

16/6 Paiement par chèque d'une annonce publicitaire dans le journal local : 130 € ;

17/6 Reçu un chèque du client Cif en règlement de la facture du mois de mai : 820 € ;

26/6 Règlement par chèques des factures fournisseurs arrivées à échéance : 1 740 € ;

28/6 Prélèvement bancaire à l'ordre de France Télécom : 910 €.

- *Dans quels journaux de la société Orga, le compte « 58 Virements internes » est-il utilisé et pour quel type d'opérations ?*
- *Indiquer les travaux comptables qui sont automatisés.*
- *En quoi consiste la procédure de validation ?*
- *Présenter le journal de banque du mois de juin.*

Corrigé

1 – L'utilisation du compte « 58 Virements internes »

Le compte « 58 Virements internes » évite le double enregistrement d'une opération lorsqu'elle concerne deux journaux.

Il est utilisé dans trois journaux de la société Orga :

– le journal des ventes pour les opérations réalisées au comptant ;

– le journal de banque pour les opérations de vente au comptant contre chèque et de virement de fonds ;

– le journal de caisse pour les opérations de vente au comptant contre espèces et de virement de fonds.

2 – L'automatisation des travaux comptables

L'utilisation d'un progiciel comptable traditionnel permet d'automatiser la tenue du grand livre, des grands livres auxiliaires et des balances, à partir de la saisie des opérations dans les journaux auxiliaires.

3 – La procédure de validation

La procédure de validation rend définitives les écritures comptables enregistrées provisoirement dans le brouillard. Les écritures validées ne peuvent plus faire l'objet de modification ou de suppression. Si une erreur est découverte, elle doit être corrigée par le procédé de contrepassation.

4 – La présentation du journal de banque

Le journal de banque est présenté page suivante :

Journal de Banque

Date	Libellé	Compte	Intitulé	Débit	Crédit
2/06	Chèque n° …	512	Banques	3 800,00	
	Factures n° …	58	Virements internes		3 800,00
10/06	Bordereau	512	Banques	600,00	
	Pièce de caisse n° …	58	Virements internes		600,00
16/06	Factures n° …	623	Publicité, publications	130,00	
	Chèque n° …	512	Banques		130,00
17/06	Bordereau	512	Banques	820,00	
	Cif	411	Clients		820,00
26/06	Factures n° …	401	Fournisseurs	1 740,00	
	Chèque n° …	512	Banques		1 740,00
28/06	France Télécom Facture n° …	626	Frais postaux et de télécom	910,00	
	Prélèvement n° …	512	Banques		910,00
				8 000,00	8 000,00

THÈME 4

Révision des principes généraux de la comptabilité

Les QCM sont des questions à choix multiple. À chaque question posée, il vous est proposé différentes réponses parmi lesquelles il vous faut cocher une réponse juste, plusieurs réponses justes, voire, pour certaines questions, toutes les réponses. Ce sont donc des questions fermées auxquelles vous devez répondre rapidement avec un temps de réflexion limité.

EXERCICE 12 15 questions à choix multiple

1 – *Parmi ces affirmations, cochez celles qui vous semblent vraies :*

- ❒ a. la comptabilité générale est un instrument d'information pour les tiers
- ❒ b. la comptabilité générale a pour rôle d'évaluer le patrimoine de l'entreprise et de mesurer le résultat périodique de son activité
- ❒ c. la comptabilité générale est un moyen de preuve
- ❒ d. la comptabilité générale est un moyen de calcul de l'assiette des différents impôts

2 – *L'obligation d'appliquer, depuis 2005, les normes comptables internationales (IAS/IFRS) concerne :*

- ❒ a. les comptes consolidés des sociétés cotées
- ❒ b. les comptes consolidés des sociétés non cotées
- ❒ c. les comptes individuels des sociétés cotées et non cotées

3 – *Le Plan comptable général est applicable uniquement aux personnes physiques ou morales commerçantes :*

- ☒ a. vrai
- ❒ b. faux

4 – *Les règles comptables du Plan comptable général applicables depuis janvier 2005 concernent :*

- ❒ a. l'amortissement des immobilisations
- ❒ b. la définition du passif
- ❒ c. la dépréciation de tous les actifs
- ❒ d. la dépréciation des immobilisations incorporelles et corporelles
- ❒ e. la définition et l'évaluation des actifs
- ❒ f. la comptabilisation des actifs (immobilisations incorporelles, corporelles et stocks)
- ❒ g. la notion de composant

5 – *Parmi les informations suivantes, cochez celles qui vous paraissent vraies :*

- ❒ a. l'entreprise ne peut réaliser un bénéfice que si elle exerce une activité
- ❒ b. l'activité de l'entreprise est constituée de sources de revenus et de consommations de ressources
- ❒ c. le patrimoine représente la richesse de l'entreprise à une date donnée
- ❒ d. les biens, les créances et les dettes d'une entreprise reflètent son activité
- ❒ e. le résultat s'obtient par différence entre les produits et les charges du même exercice
- ❒ f. le résultat de l'exercice est égal à la variation des capitaux propres au cours de cet exercice
- ❒ g. la variation positive du patrimoine correspond à un appauvrissement

6 – *Un bien qui augmente la valeur de l'entreprise et qui est destiné à servir de manière durable constitue :*

❒ a. un élément du bilan
❒ b. un élément du compte de résultat
❒ c. une charge
❒ d. un élément de l'actif immobilisé
❒ e. un élément de l'actif circulant

7 – *Une charge :*

❒ a. appauvrit le patrimoine
❒ b. enrichit le patrimoine
❒ c. entraîne une augmentation de l'actif
❒ d. entraîne une augmentation du passif
❒ e. entraîne une diminution de l'actif
❒ f. entraîne une diminution du passif

8 – *Cochez, parmi la liste des opérations ci-dessous, les opérations qui ne génèrent pas de résultat :*

❒ a. achat d'un véhicule
❒ b. prêt à un salarié
❒ c. achat de revues professionnelles
❒ d. dépôt d'espèces en caisse
❒ e. ventes de services

9 – *Parmi les affirmations suivantes, cochez celles qui vous paraissent vraies :*

❒ a. toute opération comptable a une incidence sur le résultat
❒ b. chaque opération comptable s'enregistre au moins dans deux comptes
❒ c. les opérations comptables constituent un ensemble de flux
❒ d. pour chaque opération comptable : un compte au minimum est débité et un compte au minimum est crédité pour une somme identique
❒ e. toute opération comptable a une incidence sur le patrimoine de l'entreprise

10 – *En règle générale, les soldes des comptes :*

❒ a. d'actif sont débiteurs
❒ b. d'actif sont créditeurs
❒ c. de passif sont débiteurs
❒ d. de passif sont créditeurs
❒ e. de charges sont créditeurs
❒ f. de charges sont débiteurs
❒ g. de produits sont débiteurs
❒ h. de produits sont créditeurs

11 – *Le mécanisme de la partie double entraîne les égalités suivantes :*

Charges	+ Passif	=	Produits	+ Actif	❒ a. vrai	❒ b. faux
Charges	+ Actif	=	Produits	+ Passif	❒ c. vrai	❒ d. faux
Produits	– Charges	=	Actif	– Passif	❒ e. vrai	❒ f. faux
Charges	– Actif	=	Produits	– Passif	❒ g. vrai	❒ h. faux

12 – *Les livres comptables obligatoires sont :*

❒ a. un livre-journal
❒ b. des journaux auxiliaires
❒ c. un grand livre
❒ d. une balance générale
❒ e. un livre d'inventaire

13 – *La balance :*

❒ a. permet de s'assurer qu'aucune erreur d'enregistrement comptable n'a été commise

❐ b. reprend tous les comptes de l'entreprise, exceptés ceux qui ont un solde nul

❐ c. est un outil de contrôle pour le commissaire aux comptes

❐ d. reprend les comptes classés dans l'ordre du plan comptable

❐ e. est un document journalier

❐ f. permet d'établir le bilan et le compte de résultat

14 – *Dans le cadre d'une comptabilité informatisée :*

❐ a. l'entreprise doit établir un document décrivant la procédure et l'organisation comptable

❐ b. le report des opérations sur les comptes, la centralisation, le calcul des soldes, l'édition des balances, le contrôle de l'égalité des mouvements débit et crédit sont entièrement automatisés

❐ c. la validation des écritures est obligatoire

❐ d. il est possible de modifier ou de supprimer des écritures validées

15 – *Les supports magnétiques ou les disques optiques numériques peuvent tenir lieu de livre-journal et de livre d'inventaire :*

❐ a. vrai

❐ b. faux

CORRIGÉ

1 – bonnes réponses : ❐ a ❐ b ❐ c ❐ d

La comptabilité générale remplit plusieurs missions essentielles.

Elle fournit des informations d'ordre financier aux tiers qui sont en relation avec l'entreprise (associés, fournisseurs, clients, salariés, établissements financiers, État, organismes sociaux...).

Sa finalité est de produire :

- ***un bilan*** à une date donnée, état du patrimoine de l'entreprise qui permettra aux tiers d'apprécier la pérennité de l'entreprise, sa capacité à rembourser ses dettes, et de connaître le résultat de l'exercice ;
- ***un compte de résultat***, résumé de l'activité de l'entreprise pendant 12 mois, qui permet d'expliquer la formation du résultat de l'exercice en récapitulant les revenus de l'exercice (produits), source d'enrichissement, et les coûts (charges), source d'appauvrissement. Il permet aux tiers d'apprécier la rentabilité de l'entreprise ;
- ***l'annexe*** composée d'une suite de tableaux dont l'objectif est d'expliquer le contenu du bilan et du compte de résultat.

La comptabilité générale est aussi un ***moyen de preuve*** en cas de contrôle de l'administration fiscale, du commissaire aux comptes et, en cas de litige, entre commerçants.

La comptabilité générale est également un instrument utile pour l'État pour apprécier les ***revenus***, les ***profits***, la ***richesse*** des entreprises, en vue de déterminer les différents impôts perçus par lui.

La comptabilité générale est, en outre, une source d'informations ***historiques*** utiles pour la gestion de l'entreprise.

2 – bonne réponse : ❒ a

Le règlement européen 1606/2002 impose aux ***sociétés européennes cotées*** d'établir, pour les exercices ouverts depuis le 1er janvier 2005, leurs comptes consolidés selon les normes comptables internationales (IAS/IFRS).

Pour les comptes consolidés des ***sociétés européennes non cotées***, l'application des normes comptables internationales (IAS/IFRS) est ***optionnelle***.

Les ***comptes individuels*** des sociétés cotées ou non, qui tiennent des comptes consolidés, sont publiés selon les normes ***nationales***.

3 – bonne réponse : ❒ b

Le champ d'application du Plan comptable général inclut :

- les personnes physiques ou morales commerçantes ;
- les personnes morales de droit privé non commerçantes ayant une activité économique dépassant les seuils de deux des trois critères suivants, pendant deux exercices successifs :
  - 50 salariés,
  - 3 100 000 € de chiffre d'affaires hors taxes,
  - 1 550 000 € de total du bilan ;
- les associations recevant des subventions égales ou supérieures à 153 000 €.

4 – bonnes réponses : ❐ a ❐ d ❐ e ❐ f ❐ g

Dans le cadre de la convergence du Plan comptable général vers les normes IFRS, les règles comptables ***sur les actifs*** sont applicables, de manière obligatoire, aux comptes individuels depuis le 1er janvier 2005. Cependant, celles relatives aux dépréciations ***excluent*** de leur champ d'application les dépréciations des stocks, des créances, des titres de participation et des valeurs mobilières de placement.

Notons que c'est en 2002 que les passifs ont fait l'objet d'une nouvelle définition.

5 – bonnes réponses : ❐ a ❐ b ❐ c ❐ e ❐ f

Le résultat de l'exercice est généré par l'activité de l'entreprise.

L'activité se caractérise par des actes qui procurent ***des revenus*** (produits) et par des actes qui occasionnent des ***coûts*** (charges).

Le résultat (bénéfice ou perte) d'une période est déterminé par la ***différence*** entre le total des produits et le total des charges de cette période :

Produits > Charges ⇒ Bénéfice
Produits < Charges ⇒ Perte

Chaque produit ou chaque coût constaté fait ***varier*** le patrimoine de l'entreprise. Les charges ***appauvrissent*** le patrimoine (variation négative) alors que les produits l'***enrichissent*** (variation positive).

La valeur nette du patrimoine à une date donnée, intitulée capitaux propres, s'obtient par différence entre les éléments actifs et passifs.

La variation de la valeur nette du patrimoine entre deux dates correspond au résultat de la période, à condition qu'aucune opération de capital n'ait été effectuée.

On peut donc écrire :

Résultat = Produits – Charges
= Variation des capitaux propres de l'exercice

6 – bonnes réponses : ❐ a ❐ d

L'actif immobilisé du bilan est constitué d'éléments qui ont vocation à rester ***durablement*** dans l'entreprise et qui en augmentent la valeur.

Les biens de faible valeur (500 euros hors taxes) consommés dans l'exercice sont des charges.

7 – bonnes réponses : ❐ a ❐ d ❐ e

Une charge génère une ***perte*** donc appauvrit le patrimoine ; par exemple, un achat de marchandises entraîne soit une dette (augmentation du passif), soit un décaissement (diminution de l'actif).

8 – bonnes réponses : ❐ a ❐ b ❐ d

L'achat d'un véhicule, le prêt à un salarié ainsi que le dépôt d'espèces en caisse sont des ***opérations*** de patrimoine ; elles ne concernent que le bilan et ne procurent donc pas de résultat.

9 – bonnes réponses : ❐ b ❐ c ❐ d ❐ e

Chaque opération comptable est analysée systématiquement en flux ou mouvements.

On distingue au minimum ***deux flux*** :

– un flux de biens ou de services ;

– un flux financier.

Chaque flux est enregistré dans un compte d'après sa nature, donc toute opération comptable s'enregistre au moins dans ***deux comptes***. D'après la comptabilité en partie double :

– le flux qui représente la ***ressource*** s'inscrit au ***crédit*** du compte concerné ;

– le flux qui représente l'***emploi*** s'inscrit au ***débit*** du compte concerné.

Seules les opérations relatives à l'***activité*** de l'entreprise, dites ***opérations de gestion*** (achats de marchandises, ventes de marchandises, constatation des salaires...), génèrent un ***résultat***.

Les charges entraînent une ***perte***, les produits procurent un ***bénéfice*** lors de leur constatation.

Toute opération comptable modifie le patrimoine de l'entreprise.

On distingue deux types d'opérations :

– ***les opérations de patrimoine*** : elles ne concernent pas l'activité de l'entreprise, mais uniquement le patrimoine (acquisition d'immobilisations, règlement d'une dette...) ; elles ne génèrent pas de résultat ; elles ***modifient*** uniquement les éléments constitutifs du patrimoine ;

– ***les opérations de gestion*** : elles génèrent un résultat et ***appauvrissent*** le patrimoine dans le cas de charges et ***enrichissent*** le patrimoine dans le cas de produits.

10 – bonnes réponses : ❐ a ❐ d ❐ f ❐ h

Les comptes d'***actif*** et de ***charges*** représentent des emplois. Ils augmentent au débit, ils ont donc généralement un ***solde débiteur***.

Les comptes de ***passif*** et de ***produits*** constituent des ressources. Ils augmentent au crédit, ils ont donc généralement un ***solde créditeur***.

11 – bonnes réponses : ❐ b ❐ c ❐ e ❐ h

Les comptes de charges et d'actif ont un ***solde débiteur***.

Les comptes de produits et de passif ont un ***solde créditeur***.

Le total des soldes débiteurs est ***égal*** au total des soldes créditeurs, donc :

Charges + Actif = Produits + Passif

Le résultat s'obtient par ***différence*** entre les produits et les charges ou l'actif moins le passif, donc :

Produits – Charges = Actif – Passif

12 – bonnes réponses : ❐ a ❐ c ❐ e

Selon l'article R123-173 du Code de commerce, tout commerçant tient obligatoirement :

- un livre-journal ou journal général, qui enregistre ***chronologiquement*** les mouvements affectant le patrimoine de l'entreprise ou qui centralise mensuellement les opérations portées dans les journaux auxiliaires ;
- un grand livre, qui représente l'***ensemble des comptes*** d'une entreprise. Les comptes sont alimentés à partir du livre-journal ou des journaux auxiliaires ;
- un livre d'inventaire, qui regroupe les ***données d'inventaire*** et les comptes annuels pour les entreprises qui ne sont pas dans l'obligation de les déposer au greffe.

13 – bonnes réponses : ❐ c ❐ d ❐ f

La balance est un tableau dans lequel sont reportés les ***comptes du grand livre*** dans l'ordre du plan comptable, avec pour chacun d'eux :

- le total du débit ;
- le total du crédit ;
- et le solde qui en découle.

La balance est établie périodiquement, généralement tous les mois. Elle est à la base de l'établissement des tableaux de synthèse.

Elle met en évidence les égalités suivantes :

> Totaux mouvements débit = Totaux mouvements crédit
>
> Totaux soldes débiteurs = Totaux soldes créditeurs

Cependant, elle ne permet pas de s'assurer qu'aucune erreur d'imputation comptable a été commise.

14 – bonnes réponses : ❒ a ❒ b ❒ c

Il est obligatoire d'établir un document décrivant la ***procédure*** et l'***organisation*** comptables.

Ce document doit comprendre notamment :

- une description des matériels utilisés ;
- un dossier pour chaque programme d'ordinateur comprenant l'analyse des traitements, les instructions d'exploitation, la description des contrôles.

En règle générale, les logiciels de comptabilité permettent une ***seule saisie*** au clavier des opérations dans les journaux concernés à partir des pièces justificatives.

La tenue des comptes, du journal général, des balances, est effectuée ***automatiquement*** par les logiciels de comptabilité.

La validation des écritures comptables consiste à transformer les écritures provisoires en ***écritures définitives*** de façon à rendre impossible toute modification ultérieure.

La validation des écritures est en principe ***mensuelle*** et effectuée juste avant l'édition du journal général.

15 – bonne réponse : ❒ b

Les documents informatiques écrits peuvent tenir lieu de livre journal et de livre d'inventaire à condition qu'ils soient ***identifiés***, ***numérotés*** et ***datés*** dès leur établissement par des moyens offrant toute ***garantie*** en matière de preuve.

PARTIE 2

Les opérations courantes

THÈME 5

Les opérations d'achats et de ventes

EXERCICE 13 Calculs relatifs à la facture

La société Luciole, spécialisée dans la vente de luminaires, a réalisé les opérations suivantes au cours du mois de septembre :

4/9 La société achète au fournisseur Zénith :

– 10 lampadaires Stylus, au prix unitaire de 60,00 € hors taxes ;

– 25 lampes de chevet Sonia, au prix unitaire de 22,00 € hors taxes ;

aux conditions suivantes : remise 25 % ; escompte 2 % pour règlement sous huitaine ; TVA au taux normal ;

7/9 La société livre au client Le Fur 48 lustres Alux au prix unitaire de 40,00 € hors taxes. Le client bénéficie de deux remises successives de 5 % et 2 % ; TVA au taux normal ;

12/9 Le client Le Fur retourne le quart des marchandises et obtient un rabais de 5 % sur les marchandises conservées.

La société est assujettie à la TVA au taux normal.

- *Présenter les documents de façon schématique.*
- *Calculer le montant de la créance du client Le Fur après l'opération du 12 septembre.*

CORRIGÉ

1 – L'établissement des documents

Le 4 septembre, facture reçue du fournisseur Zénith :

Zénith		
FA N° …		
4/9	Doit	Luciole
10 lampadaires Stylus x 60		600,00
25 lampes de chevet Sonia x 22	+	550,00
Prix brut hors taxes	=	1 150,00
Remise 25 %	–	287,50
Net commercial	=	862,50
Escompte 2 %	–	17,25
Montant hors taxes	=	845,25
TVA 19,60 %	+	165,67
Net à payer	=	1 010,92

Le 7 septembre, facture adressée au client Le Fur :

Luciole		
FA N° …		
7/9	Doit	Le Fur
48 lustres Alux x 40		1 920,00
Remise 5 %	–	96,00
Premier net	=	1 824,00
Remise 2 %	–	36,48
Net commercial	=	1 787,52
TVA 19,60 %	+	350,35
Net à payer	=	2 137,87

Le 12 septembre, avoir adressé au client Le Fur :

Luciole		
AV N° …		
12/9 Avoir		Le Fur
Retour de 12 lustres Alux x 40		480,00
Remise 5 %	–	24,00
Premier net	=	456,00
Remise 2 %	–	9,12
Net commercial	=	446,88
Rabais sur marchandises conservées : (1 787,52 – 446,88) 5%	+	67,03
Montant hors taxes[1]	=	513,91
TVA 19,60 %	+	100,73
Net porté en compte	=	614,64

(1) La société Luciole doit les marchandises retournées augmentées du rabais accordé sur les marchandises conservées.

2 – Le montant de la créance client Le Fur

Le client Le Fur doit le net à payer de la facture du 7 septembre diminué du net en compte de l'avoir du 12 septembre, soit :

2 137,87 – 614,64 = 1 523,23 €

EXERCICE 14 Achats et ventes avec réductions

La société Vago vous remet les factures d'achats et les doubles des factures de ventes de la première quinzaine de mai :

Le 2/5 Facture n° 0350 adressée au client Ledu :

Marchandises hors taxes : 1 630,00 €, remise 3 %, TVA 19,60 %, règlement sous 30 jours ;

Le 3/5 *Facture n° 3110 du fournisseur Net :*

Fournitures d'entretien : 270,00 € hors taxes, TVA 19,60 %, escompte 2 % pour règlement comptant par chèque ;

Le 7/5 *Facture n° 050312 du fournisseur Odet :*

Marchandises : 865,00 € hors taxes, remise 15 %, TVA 19,60 %, règlement sous 30 jours ;

Le 9/5 *Facture n° 0351 envoyée au client Ster :*

Marchandises hors taxes : 532,00 €, remises 10 % et 5 %, escompte 2 % pour règlement comptant par chèque postal, TVA 19,60 % ;

Le 12/5 *Facture n° 2345 du fournisseur Verd'o :*

Plantes vertes pour décorer le hall d'entrée : 121,00 € hors taxes, remise 3 %, TVA 5,5 %, règlement sous 30 jours ;

Le 15/5 *Facture n° 0352 adressée au client Le Rhun :*

Location d'une betonneuse : montant hors taxes : 1 000,00 €, remises 20 % et 10 %, TVA 19,60 %, règlement sous 30 jours.

- *Justifier les calculs relatifs aux factures.*
- *Comptabiliser au journal l'ensemble des opérations.*

CORRIGÉ

1 – La justification des calculs

Facture n° 0350 du 2/5

Prix brut	1 630,00
Remise 3 %	48,90
Net commercial	1 581,10
TVA 19,60 %	309,90
Net à payer	1 891,00

Facture n° 3110 du 3/5

Fournitures d'entretien	270,00
Escompte 2 %	5,40
Montant hors taxes	264,60
TVA 19,60 %	51,86
Net à payer	316,46

Facture n° 050312 du 7/5

Prix brut	865,00
Remise 15 %	129,75
Net commercial	735,25
TVA 19,60 %	144,11
Net à payer	879,36

Facture n° 0351 du 9/5

Prix brut	532,00
Remise 10 %	53,20
Premier net	478,80
Remise 5 %	23,94
Net commercial	454,86
Escompte 2 %	9,10
Montant hors taxes	445,76
TVA 19,60 %	87,37
Net à payer	533,13

Facture n° 2345 du 12/5

Plantes vertes	121,00
Remise 3 %	3,63
Net commercial	117,37
TVA 5,5 %	6,46
Net à payer	123,83

Facture n° 0352 du 15/5

Location betonneuse	1 000,00
Remise 20 %	200,00
Premier net	800,00
Remise 10 %	80,00
Net commercial	720,00
TVA 19,60 %	141,12
Net à payer	861,12

2 – La comptabilisation des factures

Compte	Libellé	Débit	Crédit
	2/5		
411	Clients	1 891,00	
707	Ventes de marchandises		1 581,10
44571	TVA collectée		309,90
	Ledu FA n° 0350		
	3/5		
6063	Fournitures d'entretien et de petit équipement	270,00	
44566	TVA sur autres biens et services	51,86	
512	Banques		316,46
765	Escomptes obtenus		5,40
	Net FA n° 3110 ; CH n° …		
	7/5		
607	Achats de marchandises	735,25	
44566	TVA sur autres biens et services	144,11	
401	Fournisseurs		879,36
	Odet FA n° 050312		

	9/5		
514	Chèques postaux	533,13	
665	Escomptes accordés	9,10	
707	Ventes de marchandises		454,86
44571	TVA collectée		87,37
	Ster FA n° 0351		
	12/5		
606	Achats non stockés de matières et fournitures	117,37	
44566	TVA sur autres biens et services	6,46	
401	Fournisseurs		123,83
	Verd'o FA n° 3110 ; CH n° …		
	15/5		
411	Clients	861,12	
708	Produits des activités annexes		720,00
44571	TVA collectée		141,12
	Le Rhun FA n° 0352		

EXERCICE 15 Achats, ventes et avoirs à partir de pièces comptables

Vous êtes employé (e) dans l'entreprise Laroche et vous disposez des pièces comptables suivantes :

Laroche		
FA N° 14		
1/9	Doit	Quertier
Marchandises		3 000,00
Remise 10 %	–	300,00
Net commercial	=	2 700,00
Escompte 2 %	–	54,00
Montant hors taxes	=	2 646,00
TVA 19,60 %	+	518,62
Net à payer	=	3 164,62

Noach		
FA N° A18		
4/9	Avoir	Laroche
Ristourne trimestrielle		1 450,00
TVA 19,60 %	+	284,20
Net en compte	=	1 734,20

Laroche		
AV N° A06		
6/9	Avoir	Quertier
Retour marchandises		1 000,00
Remise 10 %	–	100,00
Net commercial	=	900,00
Escompte 2 %	–	18,00
Montant hors taxes	=	882,00
TVA 19,60 %	+	172,87
Net en compte	=	1 054,87

Date	2/9
Objet	Avance
	Four[r] Zabo
Montant	2 000,00
Banque Ouest	
Chèque numéro	
330	

Date	8/9
Objet	
	Four[r] Pidou
Montant	13 724,10
Banque Ouest	
Chèque numéro	
336	

Pidou		
FA N° 52		
8/9	Doit	Laroche
Marchandises		13 500,00
Remise 15 %	–	2 025,00
Net commercial	=	11 475,00
TVA 19,60 %	+	2 249,10
Net à payer	=	13 724,10

Zabo		
FA N° 48		
7/9	Doit	Laroche
Marchandises		7 500,00
Remise 5 %	–	375,00
Net commercial	=	7 125,00
Escompte 1 %	–	71,25
Net financier	=	7 053,75
TVA 19,60 %	+	1 382,54
Montant toutes taxes	=	8 436,29
Avance	–	2 000,00
Net à payer	=	6 436,29

Laroche		
FA N° A7		
10/9	Avoir	Quertier
Rabais		300,00
TVA 19,60 %	+	58,80
Net en compte	=	358,80

Pidou		
FA N° A24		
9/9	Avoir	Laroche
Retour marchandises		3 000,00
Remise 15 %	–	450,00
Net commercial	=	2 550,00
Rabais 5 % sur solde[1]	+	446,25
Montant hors taxes	=	2 996,25
TVA 19,60 %	+	587,27
Net porté en compte	=	3 583,52

(1) (11 475 – 2 550) 5 % = 446,25

■ *Enregistrer au journal les écritures correspondantes.*

CORRIGÉ

	1/9		
411	Clients	3 164,62	
665	Escomptes accordés	54,00	
707	Ventes de marchandises		2 700,00
44571	TVA collectée		518,62
	Quertier FA n° 14		
	2/9		
4091	Fournisseurs – Avances et acomptes versés sur commandes	2 000,00	
512	Banques		2 000,00
	Zabo CH n° 330		
	4/9		
401	Fournisseurs	1 734,20	
609	Rabais, remises et ristournes obtenus sur achats		1 450,00
44566	TVA sur autres biens et services		284,20
	Noach AV n° 18		
	6/9		
707	Ventes de marchandises	900,00	
44571	TVA collectée	172,87	
411	Clients		1 054,87
665	Escomptes accordés		18,00
	Quertier AV n° 06		
	7/9		
607	Achats de marchandises	7 125,00	
44566	TVA sur autres biens et services	1 382,54	
765	Escomptes obtenus		71,25
401	Fournisseurs		6 436,29
4091	Fournisseurs – Avances et acomptes versés sur commandes		2 000,00
	Zabo FA n° 48		
	8/9		
607	Achats de marchandises	11 475,00	
44566	TVA sur autres biens et services	2 249,10	
512	Banques		13 724,10
	Pidou FA n° 52 ; CH n° 336		
	9/9		
401	Fournisseurs	3 583,52	
607	Achats de marchandises		2 550,00
609	Rabais, remises et ristournes obtenus sur achats		446,25
44566	TVA sur autres biens et services		587,27
	Pidou AV n° 24		

	10/9		
709	Rabais, remises et ristournes accordés par l'entreprise	300,00	
44571	TVA collectée	58,80	
411	Clients		358,80
	Quertier AV n° 07		

EXERCICE 16 Factures et avoirs en comptabilité réciproque

Au cours du mois d'octobre, la société Goyen a effectué les opérations suivantes :

Le 2/10 *Achat à crédit de matières premières, au fournisseur Strulu, pour un montant de 6 300,00 €, remise 15 %, TVA au taux normal, facture numéro 10400 ;*

Le 6/10 *Retour d'une partie des matières premières pour un prix brut hors taxes de 1 400,00 €, avoir numéro 1060 ;*

Le 15/10 *Le fournisseur Strulu accorde un escompte de 2 % relatif au règlement anticipé pour solde de la dette.*

- *Présenter les documents de façon schématique.*
- *Comptabiliser les opérations au journal chez Goyen et Strulu.*

CORRIGÉ

1 – La justification des calculs

Facture n° 10400 du 2/10

Matières premières	6 300,00
Remise 15 %	945,00
Net commercial	5 355,00
TVA 19,60 %	1 049,58
Net à payer	6 404,58

Avoir n° 1060 du 6/10

Retour matières premières	1 400,00
Remise 15 %	210,00
Net commercial	1 190,00
TVA 19,60 %	233,24
Net en compte	1 423,24

Avoir n° 1061 du 15/10

Escompte de règlement	83,30
(5 355 – 1 190) 2 %	
TVA 19,60 %	16,33
Net en compte	99,63

2 – La comptabilisation

Chez le fournisseur Strulu

	2/10		
411	Clients	6 404,58	
701	Ventes de produits finis		5 355,00
44571	TVA collectée		1 049,58
	Goyen FA n° 10400		
	6/10		
701	Ventes de produits finis	1 190,00	
44571	TVA collectée	233,24	
411	Clients		1 423,24
	Goyen AV n° 1060		
	15/10		
665	Escomptes accordés	83,30	
44571	TVA collectée	16,33	
411	Clients		99,63
	Goyen AV n° 1061		

Chez le client Goyen

	2/10		
601	Achats de matières premières	5 355,00	
44566	TVA sur autres biens et services	1 049,58	
401	Fournisseurs		6 404,58
	Strulu FA n° 10400		
	6/10		
401	Fournisseurs	1 423,24	
601	Achats de matières premières		1 190,00
44566	TVA sur autres biens et services		233,24
	Strulu AV n° 1060		
	15/10		
401	Fournisseurs	99,63	
765	Escomptes obtenus		83,30
44566	TVA sur autres biens et services		16,33
	Strulu AV n° 1061		

THÈME 6

Les éléments accessoires (transports et emballages)

EXERCICE 17 Transport sur ventes

La société Algo, conserverie d'algues alimentaires, a reçu les commandes suivantes pour la dernière semaine du mois de juin :

- *client Galès : prix brut hors taxes des produits 150,00 €, remise 15 %, TVA 19,60 %, paiement sous trente jours, distance de livraison : 40 km ;*
- *client Biomer : prix brut hors taxes des produits 430,00 €, remise 20 %, TVA 19,60 %, paiement sous trente jours, distance de livraison : 32 km ;*
- *client Ezer : prix brut hors taxes des produits 185,00 €, remise 15 %, escompte 2 %, TVA 19,60 %, pour paiement comptant par chèque, distance de livraison : 85 km.*

La société a réglé, au comptant par chèque, le 28 juin la facture de son transporteur routier pour la livraison effectuée lors de la dernière semaine : 18,00 € hors taxes.

La livraison des commandes s'effectue aux conditions suivantes :

- *port gratuit pour toute commande supérieure à 200,00 € hors taxes ;*
- *dans un périmètre de 50 km : la livraison est assurée par la société elle-même pour un prix forfaitaire de 10,00 € hors taxes ;*
- *au-delà de 50 km : la livraison est assurée par un transporteur routier.*

■ *Établir schématiquement les factures adressées aux clients en date du 28 juin.*

■ *Comptabiliser au journal l'ensemble de ces opérations.*

CORRIGÉ

1 – L'établissement schématique des factures

Pour le client Galès, la société assure le transport et lui facture ce dernier pour un prix forfaitaire de 10 € hors taxes.

Pour le client Biomer, les produits sont livrés par la société en franco de port (port gratuit).

Pour le client Ezer, les produits sont livrés par le transporteur et facturés pour le prix supporté par la société soit 18 € hors taxes.

Facture Galès

Prix brut	150,00
Remise 15 %	22,50
Net commercial	127,50
Port forfaitaire	10,00
Montant hors taxes	137,50
TVA 19,60 %	26,95
Net à payer	164,45

Facture Biomer

Prix brut	430,00
Remise 20 %	86,00
Montant hors taxes	344,00
TVA 19,60 %	67,42
Net à payer	411,42
	Franco de port

Facture Ezer

Prix brut	185,00
Remise 15 %	27,75
Net commercial	157,25
Escompte 2 %	3,15
Net financier	154,10
Port facturé	18,00
Montant hors taxes	172,10
TVA 19,60 %	33,73
Net à payer	205,83

2 – La comptabilisation des opérations

	28/6		
6242	Transports sur ventes	18,00	
44566	TVA sur autres biens et services	3,53	
512	Banques		21,53
	Transporteur FA n° … ; CH n° …		
	d°		
411	Clients	164,45	
701	Ventes de produits finis		127,50
7085	Ports et frais accessoires facturés		10,00
44571	TVA collectée		26,95
	Galès FA n° …		

	28/6		
411	Clients	411,42	
707	Ventes de produits finis		344,00
44571	TVA collectée		67,42
	Biomer FA n° …		
	d°		
512	Banques	205,83	
665	Escomptes accordés	3,15	
701	Ventes de produits finis		157,25
44571	TVA collectée		30,20
6242	Transports sur ventes		18,00
44566	TVA sur autres biens et services		3,53
	Ezer FA n° …		

EXERCICE 18 Transport sur achats

La société Servat a reçu les factures suivantes au cours du mois de mars :

Le 5 mars Facture n° 0350 du fournisseur Hent pour 600,00 € hors taxes de marchandises, remise 10 %, franco de port, TVA 19,60 % ;

Le 7 mars Facture n° 3603 du fournisseur Croas pour 835,00 € hors taxes de marchandises, escompte 2 % pour paiement comptant par chèque, TVA 19,60 %, port dû ;

Le 10 mars Facture n° 682 du fournisseur Zégan pour 1 128,00 € hors taxes de marchandises, remise 15 %, port forfaitaire 14,00 € hors taxes, TVA 19,60 % ;

Le 11 mars Facture n° 1130 de la Sernam pour 23,00 € hors taxes, TVA 19,60 %, concernant le transport des marchandises commandées au fournisseur Croas.

■ *Comptabiliser les factures reçues.*

CORRIGÉ

	5/3		
607	Achats de marchandises	540,00	
44566	TVA sur autres biens et services	105,84	
401	Fournisseurs		645,84
	Hent FA n° 0350		
	7/3		
607	Achats de marchandises	835,00	
44566	TVA sur autres biens et services	160,39	
765	Escomptes obtenus		16,70
512	Banques		978,69
	Croas FA n° 3603		
	10/3		
607	Achats de marchandises	958,80	
6241	Transports sur achats	14,00	
44566	TVA sur autres biens et services	190,67	
401	Fournisseurs		1 163,47
	Zégan FA n° 682		
	11/3		
6241	Transports sur achats	23,00	
44566	TVA sur autres biens et services	4,51	
401	Fournisseurs		27,51
	Sernam FA n° 1130		

EXERCICE 19 Emballages consignés et à rendre en comptabilité réciproque

Au cours du mois de septembre, la société Carrère a effectué les opérations suivantes :

Le 1/9 *Ventes à crédit de marchandises, au client Brodohen, pour 13 450,00 €, TVA au taux normal, consignation de 20 caisses à 58,50 € l'une ; facture numéro 774 ;*

Le 7/9 *Reprise de 10 caisses au client Brodohen au prix de consignation ; avoir numéro 48 ;*

Le 14/9 *Reprise de 5 caisses à 40,00 € l'une au client Brodohen ; avoir numéro 52 ;*

Le 20/9 *Facture numéro 846 adressée au client Brodohen relative à la vente de 5 caisses conservées par ce dernier.*

Le prix de consignation des emballages est considéré toutes taxes comprises.

- *Présenter les documents de façon schématique.*
- *Comptabiliser les opérations au journal chez Carrère et Cohen.*

CORRIGÉ

1 – L'établissement schématique des factures

Facture n° 774 du 1/9

Prix brut	13 450,00
TVA 19,60 %	2 636,20
Montant TTC	16 086,20
20 caisses	
à 58,50 € l'une	1 170,00
Net à payer	17 256,20

Avoir n° 48 du 7/9

Retour de 10 caisses	
à 58,50 € l'une	585,00
Net en compte	585,00

Avoir n° 52 du 14/9

Retour de 5 caisses	
à 58,50 € l'une	292,50
À déduire	
Boni[1]	– 92,50
(dont TVA 15,16 €)[2]	
Net en compte	200,00

(1) 292,50 – (40,00 x 5)

(2) (92,50/1,196) 19,60 %

Facture n° 846 du 20/9

5 caisses conservées	
à 58,50 € l'une	292,50
(dont TVA 47,93 €)[1]	
Montant TTC	292,50

(1) (292,50/1,196) 19,60 %

2 – La comptabilisation

Chez le fournisseur Carrère

	1/9		
411	Clients	17 256,20	
707	Ventes de marchandises		13 450,00
44571	TVA collectée		2 636,20
4196	Clients – Dettes pour emballages consignés		1 170,00
	Brodohen FA n° 774		
	7/9		
4196	Clients – Dettes pour emballages consignés	585,00	
411	Clients		585,00
	Brodohen AV n° 48		
	14/9		
4196	Clients – Dettes pour emballages consignés	292,50	
7086	Bonis sur reprises d'emballages consignés		77,34
44571	TVA collectée		15,16
411	Clients		200,00
	Brodohen AV n° 52		
	20/9		
4196	Clients – Dettes pour emballages consignés	292,50	
7086	Autres produits d'activités annexes		244,57
44571	TVA collectée		47,93
	Brodohen FA n° 846		

Chez le client Brodohen

	1/9		
607	Achats de marchandises	13 450,00	
44566	TVA sur autres biens et services	2 636,20	
4096	Fournisseurs – Créances pour emballages à rendre	1 170,00	
401	Fournisseurs		17 256,20
	Carrère FA n° 774		
	7/9		
401	Fournisseurs	585,00	
4096	Fournisseurs – Créances pour emballages à rendre		585,00
	Carrère AV n° 48		
	14/9		
401	Fournisseurs	200,00	
6136	Malis sur emballages	77,34	
44566	TVA sur autres biens et services	15,16	
4096	Fournisseurs – Créances pour emballages à rendre		292,50
	Carrère AV n° 52		
	20/9		
6026	Emballages	244,57	
44566	TVA sur autres biens et services	47,93	
4096	Fournisseurs – Créances pour emballages à rendre		292,50
	Carrère FA n° 846		

EXERCICE 20 Synthèse sur les emballages à partir de pièces comptables

Vous êtes employé (e) dans l'entreprise Lambert.

L'entreprise consigne des bouteilles de gaz à ses clients et ses fournisseurs lui consignent des casiers à bouteilles.

Vous disposez des documents suivants :

Combes		
FA N° 432		
3/6	Doit	Lambert
Citerne fixe		8 400,00
TVA 19,60 %	+	1 646,40
Net à payer	=	10 046,40

Bouchard		
FA N° 2451		
22/6	Doit	Lambert
8 casiers non restitués		160,00
Net à payer	=	160,00

Lambert		
FA N° 2046		
9/6	Doit	Ponty
Marchandises		5 700,00
TVA 19,60 %	+	1 117,20
Montant toutes taxes comprises	=	6 817,20
150 bouteilles consignées	+	600,00
Net à payer	=	7 417,20

Date	4/6
Objet	FA n° 79
	Four^{r} Soly
Montant	3 767,40
Banque du Sud	
Chèque numéro	
0014579	

Boisseau		
FA N° 01789		
8/6	Doit	Lambert
1 000 bouteilles		4 000,00
TVA 19,60 %	+	784,00
Net à payer	=	4 784,00

Soly		
FA N° 79		
4/6	Doit	Lambert
Sacs en papier		3 500,00
Remise 10 %	–	350,00
Net commercial	=	3 150,00
TVA 19,60 %	+	617,40
Net à payer	=	3 767,40

Harani		
FA N° 187		
12/6	Doit	Lambert
Marchandises		12 000,00
Escompte 2 %	–	240,00
Montant hors taxes	=	11 760,00
TVA 19,60 %	+	2 304,96
Montant toutes taxes comprises	=	14 064,96
10 casiers consignés	+	200,00
Net à payer	=	14 264,96

Lambert		
FA N° 2147		
15/6	Doit	Ponty
50 bouteilles non restituées		200,00
Net à payer	=	200,00

Harani		
AV N° 95		
18/6	Avoir	Lambert
Retour de 10 casiers		200,00
À déduire : boni[1]	–	20,00
Net en compte	=	180,00

(1) repris à 18 € l'un.

Lambert		
AV N° A 2046		
13/6	Avoir	Ponty
Retour de 100 bouteilles		400,00
À déduire : boni[1]	–	50,00
Net en compte	=	350,00

(1) reprise à 3,50 € l'une.

Le prix de consignation des emballages est considéré toutes taxes comprises.

■ ***Comptabiliser au journal l'ensemble de ces opérations.***

CORRIGÉ

	3/6		
215	Installations techniques, matériel et outillage industriels	8 400,00	
44562	TVA sur immobilisations	1 646,40	
404	Fournisseurs d'immobilisations		10 046,40
	Combes FA n° 432		
	4/6		
60261	Emballages perdus	3 150,00	
44566	TVA sur autres biens et services	617,40	
512	Banques		3 767,40
	Soly FA n° 79 ; CH n° 014579		
	8/6		
60265	Emballages récupérables non identifiables	4 000,00	
44566	TVA sur autres biens et services	784,00	
401	Fournisseurs		4 784,00
	Boisseau FA n° 01789		
	9/6		
411	Clients	7 417,20	
707	Ventes de marchandises		5 700,00
44571	TVA collectée		1 117,20
4196	Clients – Dettes pour emballages consignés		600,00
	Ponty FA n° 2046		

	12/6		
607	Achats de marchandises	12 000,00	
44566	TVA sur autres biens et services	2 304,96	
4096	Fournisseurs – Créances pour emballages à rendre	200,00	
401	Fournisseurs		14 264,96
765	Escomptes obtenus		240,00
	Harani FA n° 187		
	13/6		
4196	Clients – Dettes pour emballages consignés	400,00	
7086	Bonis sur reprises d'emballages consignés		41,81
44571	TVA collectée		8,19
411	Clients		350,00
	Ponty AV n° A2046		
	15/6		
4196	Clients – Dettes pour emballages consignés	200,00	
7088	Autres produits des activités annexes		167,22
44571	TVA collectée		32,78
	Ponty FA n° 2147		
	18/6		
401	Fournisseurs	180,00	
6136	Malis sur emballages	16,72	
44566	TVA sur autres biens et services	3,28	
4096	Fournisseurs – Créances pour emballages à rendre		200,00
	Harani AV n° A217		
	22/6		
60265	Emballages récupérables non identifiables	133,78	
44566	TVA sur autres biens et services	26,22	
4096	Fournisseurs – Créances pour emballages à rendre		160,00
	Bouchard FA n° 2451		

THÈME 7

Les prestations de services et les travaux immobiliers

EXERCICE 21 Ventes de prestations de services

La société Gazon'net, spécialisée dans l'aménagement et l'entretien des jardins, a signé un contrat d'entretien semestriel avec son client l'hôtel Les Glénans :

Le 30/4 *Le client verse un acompte de 650,00 € toutes taxes comprises par chèque bancaire, facture d'acompte n° 138400 ;*

Le 30/9 *La facture n° 200929 est adressée à l'hôtel Les Glénans :*
- *montant : 2 160,00 € hors taxes ;*
- *TVA 19,60 % ;*
- *règlement par chèque sous huitaine.*

Le 8/10 *La société a reçu un chèque bancaire n° 25455 en règlement de la facture n° 200929.*

La société Gazon'net est soumise à la TVA sur les encaissements.

- *Présenter schématiquement la facture du 30 septembre.*
- *Comptabiliser les opérations nécessaires.*

CORRIGÉ

1 – La présentation de la facture

Gazon'net		
FA N° 200929		
30/9	Doit	Les Glénans
Entretien du jardin		2 160,00
TVA 19,60 %	+	423,36
Montant TTC	=	2 583,36
Acompte versé	–	650,00
Net à payer	=	1 933,36

2 – La comptabilisation des opérations

		Débit	Crédit
	30/4		
512	Banques	650,00	
4191	Clients – Avances et acomptes reçus sur commandes		650,00
	Les Glénans FA n° 138400 ; CH n° …		
	d°		
4458	TCA à régulariser	106,52	
44571	TVA collectée		106,52
	Les Glénans note de débit n° … ; (650 / 1,196) 0,196		
	30/9		
4191	Clients – Avances et acomptes reçus sur commandes	650,00	
411	Clients	1 933,36	
706	Prestations de services		2 160,00
4458	TCA à régulariser		106,52
44574	TVA collectée sur encaissements*		316,84
	*Les Glénans FA n° 200929 ; *(1 933,36 / 1,196) 0,196*		
	8/10		
512	Banques	1 933,36	
411	Clients		1 933,36
	Les Glénans CH n° 25455		
	d°		
44574	TVA collectée sur encaissements	316,84	
44571	TVA collectée		316,84
	Les Glénans FA n° 200929		

Pour contrôle, nous constatons que les mouvements crédit du compte « 44571 TVA collectée » (106,52 + 316,84) correspondent au montant de la TVA facturée (423,36).

EXERCICE 22 Achats de services et de travaux immobiliers

La société Nivel a réalisé les opérations suivantes au cours du mois de novembre :

Le 5/11 *Versement par chèque d'un acompte de 2 820,00 € toutes taxes comprises relatif aux travaux d'électricité effectués dans les locaux par l'entreprise Elec, TVA au taux normal, facture d'acompte n° 230 ;*

Le 8/11 *Reçu du garage Colin la facture n° 625 pour la réparation de la camionnette de livraison : 190,00 € hors taxes, TVA au taux normal, règlement sous huitaine ;*

Le 15/11 *Versement d'un acompte de 98,68 € toutes taxes comprises, par chèque, à la société Kline concernant le contrat mensuel d'entretien des locaux, TVA au taux normal, facture d'acompte n° 822.*

La société Kline a opté pour la TVA sur les débits ;

Le 16/11 *Paiement par chèque bancaire de la facture du garage Colin ;*

Le 30/11 *Réception de la facture n° 36978 de la société Kline pour l'entretien mensuel des locaux :*

548,00 € hors taxes, TVA 19,60 %, paiement au comptant par chèque bancaire.

■ *Enregistrer les opérations nécessaires.*

CORRIGÉ

	5/11		
4091	Fournisseurs – Avances et acomptes versés sur commandes	2 820,00	
512	Banques		2 820,00
	Elec FA n° 230 ; CH n° …		

	5/11		
44566	TVA sur autres biens et services	462,14	
4458	TCA à régulariser		462,14
	Elec note de débit n° … ; (2 820 / 1,196) 0,196		
	8/11		
615	Entretien et réparations	190,00	
44564	TVA déductibles sur encaissements	37,24	
401	Fournisseurs		227,24
	Colin FA n° 625		
	15/11		
4091	Fournisseurs – Avances et acomptes versés sur commandes	98,68	
512	Banques		98,68
	Kline FA n° 822 ; CH n° …		
	d°		
44566	TVA sur autres biens et services	16,17	
4458	TCA à régulariser		16,17
	Kline note de débit n° … ; (98,68 / 1,196) 0,196		
	16/11		
401	Fournisseurs	227,24	
512	Banques		227,24
	Colin CH n° …		
	d°		
44566	TVA sur autres biens et services	37,24	
44564	TVA déductibles sur encaissements		37,24
	Colin CH n° …		
	30/11		
615	Entretien et réparations	548,00	
4458	TCA à régulariser	16,17	
44566	TVA sur autres biens et services*	91,24	
4091	Fournisseurs – Avances et acomptes versés sur commandes		98,68
512	Banques		556,73
	*Kline FA n° 36978 ; CH n° … ; *(548 x 0,196) – 16,17*		

THÈME 8

Les opérations avec l'étranger

EXERCICE 23 Ventes à l'étranger et leur encaissement

La société Socoa, fabricant de linge de maison, a réalisé les opérations suivantes avec ses clients étrangers au cours des deux derniers mois :

Le 5/3 — *Ventes de nappes et de serviettes de table au client italien Nani pour un prix brut de 1 140,00 €, remise 20 % ;*

Le 12/3 — *Ventes de draps de bain au client anglais Wendy pour 1 609 GBP prix brut, remise 15 %. Le cours du jour est de : 1 € = 0,864 GBP ;*

Le 22/3 — *Ventes de housses de couette au client japonais Sumi pour 193 086 JPY prix brut, remise 15 %. Le cours du jour est de : 1 € = 136,46 JPY ;*

Le 15/4 — *Reçu du client Wendy un chèque pour règlement de la facture du 5 mars. Le cours du jour est de : 1 € = 0,882 GBP ;*

Le 30/4 — *Avis de la banque relatif au virement du client Sumi en règlement de la facture du 22 mars. Le cours du jour est de : 1 € = 131,06 JPY ;*

■ *Analyser et comptabiliser chaque opération du 5 mars au 30 avril N.*

CORRIGÉ

1 – L'opération du 5 mars

L'opération réalisée avec le client italien Nani est une livraison intracommunautaire.

L'Italie participe à l'Union économique et monétaire (UEM), les transactions s'effectuent donc en euros.

L'écriture est la suivante :

	5/3		
41112	Clients Union européenne	912,00	
70712	Ventes de marchandises intracommunautaire		912,00
	Nani FA n° … : (1 140 – 20 %)		

2 – L'opération du 12 mars

L'opération réalisée avec le client anglais Wendy est une livraison intracommunautaire.

La Grande-Bretagne n'a pas adhéré à l'Union économique et monétaire ; en conséquence, la constatation de la créance Wendy le 12 mars doit être convertie en euros, soit :
(1 609 – 15 %) / 0,864 = 1 582,93 €

L'écriture est la suivante :

	12/3		
41112	Clients Union européenne	1 582,93	
70712	Ventes de marchandises intracommunautaire		1 582,93
	Wendy FA n° …		

3 – L'opération du 22 mars

L'opération réalisée avec le client japonais Sumi est une exportation.

Le montant de la créance doit être converti en euros, soit :
(193 086 – 15 %) / 136,46 = 1 202,72 €

L'écriture est la suivante :

	12/3		
411	Clients	1 202,72	
707	Ventes de marchandises		1 202,72
	Wendy FA n° …		

4 – L'opération du 15 avril

Le montant du chèque envoyé par Wendy doit être converti en euros au cours du jour, soit :
(1 609 – 15 %) / 0,882 = 1 550,62 €

On constate une perte de change de 32,31 € (1 582,93 – 1 550,62).

L'écriture est la suivante :

	15/4		
512	Banques	1 550,62	
666	Pertes de change	32,31	
41112	Clients Union européenne		1 582,93
	Wendy CH n° …		

5 – L'opération du 30 avril

Le montant du virement effectué par Sumi doit être converti en euros au cours du jour : (193 086 – 15 %) / 131,06 = 1 252,27 €

On constate un gain de change de 49,55 € (1 252,27 – 1 202,72).

L'écriture est la suivante :

	30/4		
512	Banques	1 252,27	
411	Clients		1 202,72
766	Gains de change		49,55
	Sumi VIR n° …		

EXERCICE 24 Achats à l'étranger et leur règlement

La société Minor, spécialisée dans le commerce des arts de la table, a réalisé les opérations suivantes avec ses fournisseurs étrangers :

Le 8/2 L'entreprise a réceptionné de son fournisseur italien Murano des carafes à vin pour un montant net hors taxes de 3 049,00 € ; facturation le 25 mars ; règlement le 30 avril par chèque ;

Le 12/2 L'entreprise a reçu de son fournisseur espagnol Sanchez une facture pour l'achat de 2 645,00 € hors taxes de vaisselle en faïence blanche ; livraison le jour même ; paiement sous trente jours par chèque ;

Le 25/2 L'entreprise a reçu de son fournisseur suisse Simenon une facture relative à l'achat de couverts avec manche en corne pour 1 454 CHF ; la livraison est effectuée le 15 mars ; le cours du jour est : 1 € = 1,5131 CHF ;

Le 31/3 L'entreprise règle son fournisseur Simenon par chèque ; le cours du jour est : 1 € = 1,5360 CHF.

L'entreprise est assujettie à la TVA au taux normal.

- *Déterminer pour chaque opération concernée la date d'exigibilité de la TVA.*
- *Comptabiliser les opérations réalisées avec chaque fournisseur.*

CORRIGÉ

1 – L'opération réalisée avec le fournisseur italien Murano

L'opération réalisée est une acquisition intracommunautaire ; elle sera comptabilisée à la date de réception de la facture. La date limite d'exigibilité de la TVA est le 15 mars, puisque la facture n'est pas reçue à ce jour.

L'Italie participe à l'Union économique et monétaire, les transactions s'effectuent en euros.

Les écritures sont les suivantes :

	15/3		
445662	TVA déductible intracommunautaire	597,60	
4452	TVA due intracommunautaire		597,60
	Murano TVA exigible sur facture à recevoir : 3 049 x 0,196		
	25/3		
60712	Achats de marchandises intracommunautaires	3 049,00	
40112	Fournisseurs Union européenne		3 049,00
	Murano FA n° …		

2 – L'opération réalisée avec le fournisseur espagnol Sanchez

L'opération réalisée est une acquisition intracommunautaire. La TVA est exigible le 12 février, date de la réception de la facture et de sa comptabilisation.

L'Espagne participe à l'Union économique et monétaire, les transactions s'effectuent en euros.

L'écriture est la suivante :

	12/2		
60712	Achats de marchandises intracommunautaires	2 645,00	
445662	TVA déductible intracommunautaire	518,42	
4452	TVA due intracommunautaire		518,42
40112	Fournisseurs Union européenne		2 645,00
	Sanchez FA n° …		

3 – L'opération réalisée avec le fournisseur suisse Simenon

L'opération réalisée est une importation. La TVA est exigible lors du dédouanement des marchandises, soit le 15 mars.

La constatation de la dette doit être convertie en euros, soit :
1 454 / 1,5131 = 960,94 €

Les écritures sont les suivantes :

	25/2		
607	Achats de marchandises	960,94	
401	Fournisseurs		960,94
	Simenon FA n° …		
	15/3		
44566	TVA sur autres biens et services	188,34	
512	Banques		188,34
	Simenon *FA n° … : règlement TVA : 960,94 x 0,196*		

Le montant du chèque envoyé à Simenon doit être converti en euros au cours du jour, soit :
1 454 / 1,5360 = 946,61 €.

On constate un gain de change de 14,33 € (960,94 – 946,61).

L'écriture est la suivante :

	31/3		
401	Fournisseurs	960,94	
512	Banques		946,61
766	Gains de change		14,33
	Simenon CH n° …		

THÈME 9

Les opérations d'investissement et de financement

EXERCICE 25 Acquisition d'immobilisations incorporelles et corporelles

La société Aquabrez, constructeur de piscines, ouvre un nouvel espace commercial. Elle réalise à cet effet les investissements suivants :

Le 10/1 *Acquisition d'un terrain à bâtir pour 30 000,00 € hors taxes, TVA 19,60 % ; frais de notaire : 1 800,00 € hors taxes ; frais d'architecte : 2 500,00 € hors taxes (TVA 19,60 %) ; paiement comptant ;*

Le 20/4 *Réception de la facture relative à la construction modulaire d'un bâtiment : montant hors taxes : 24 000,00 €, frais de montage : 8 000,00 €, TVA 19,60 % ; paiement à 60 jours. Le fournisseur a opté pour la TVA sur les débits.*

Le 26/4 *Acquisition d'un véhicule Renault Twingo destiné au représentant pour 11 000,00 € hors taxes, TVA 19,60 % ; paiement comptant par chèque sous escompte de 2 % ;*

Le 30/4 *Versement d'un acompte de 4 000,00 € pour la commande de matériel de bureau et informatique, auprès du fournisseur Guélec à livrer le 15 mai ;*

Le 2/5 *Achats de progiciels de gestion et de dessin pour 4 360,00 € hors taxes, TVA 19,60 % ; paiement à la fin du mois ;*

Le 15/5 *Livraison du matériel aux conditions suivantes et réception de la facture de Guélec :*
– 30 % à la livraison par chèque ;
– le solde à 60 jours.

Facture présentée page suivante.

Guélec		
FA N° 2547		
15/5	Doit	Aquabrez
Prix d'achat brut hors taxes		12 000,00
Frais d'installation	+	820,00
Frais de transport	+	256,00
TVA 19,60 %	+	2 562,90
Montant toutes taxes comprises	=	15 638,90
Acompte	–	4 000,00
Net à payer	=	11 638,90

■ ***Enregistrer l'ensemble des opérations, sachant que la société a opté pour l'incorporation des seuls coûts directement attribuables au coût d'acquisition des immobilisations.***

CORRIGÉ

	10/1		
211	Terrains*	32 500,00	
44562	TVA sur immobilisations	6 370,00	
622	Rémunérations d'intermédiaires et honoraires	1 800,00	
44566	TVA sur autres biens et services	352,80	
512	Banques		41 022,80
	*Acte n° …, CH n° … ; * (30 000 + 2 500)*		
	20/4		
213	Constructions*	32 000,00	
44562	TVA sur immobilisations	6 272,00	
404	Fournisseurs d'immobilisations		38 272,00
	*FA n° … ; *(24 000 + 8 000)*		
	26/4		
2182	Matériel de transport*	12 892,88	
512	Banques		12 892,88
	*FA n° … ; *(11 000 – 2 %) 1,196*		
	30/4		
238	Avances et acomptes versés sur commandes d'immobilisations	4 000,00	
512	Banques		4 000,00
	Guélec CH n° …		

	2/5		
205	Concessions et droits similaires, brevets, licences, marques, procédés, logiciels, droits et valeurs similaires	4 360,00	
44562	TVA sur immobilisations	854,56	
404	Fournisseurs d'immobilisations		5 214,56
	FA n° …		
	15/5		
2183	Matériel de bureau et matériel informatique[1]	13 076,00	
44562	TVA sur immobilisations	2 562,90	
238	Avances et acomptes versés sur commandes d'immobilisations		4 000,00
512	Banques[2]		3 491,67
404	Fournisseurs d'immobilisations[3]		8 147,23
	Guélec FA n° 2547 ; CH n° …		

(1) 12 000 + 820 + 256

(2) 11 638,90 x 30 %

(3) 11 638,90 – 3 491,67

EXERCICE 26 Acquisition d'une immobilisation corporelle par composants

La société « Pépinière de l'Odet » acquiert le 10 septembre N une serre d'une superficie de 40 m² pour un montant global de 60 000,00 € hors taxes, TVA 19,60 % ; paiement à 60 jours.

Une étude technique permet de ventiler la serre en plusieurs composants ayant chacun une durée d'utilisation propre :

- *structure en aluminium laqué : 23 400,00 € ;*
- *toiture en polycarbonate alvéolaire : 15 600,00 € ;*
- *murs en verre trempé : 18 400,00 € ;*
- *rampes de brumisation : 2 600,00 €.*

■ *Comptabiliser l'opération réalisée.*

CORRIGÉ

	10/9		
2131.1	Bâtiments – Structure	23 400,00	
2131.2	Bâtiments – Toiture	15 600,00	
2131.3	Bâtiments – Murs	18 400,00	
2131.4	Bâtiments – Rampes de brumisation	2 600,00	
44562	TVA sur immobilisations	11 760,00	
404	Fournisseurs d'immobilisations		71 760,00
	FA n° …		

EXERCICE 27 Acquisition de titres

La société Micaf, soumise à l'impôt sur les sociétés, a réalisé les opérations suivantes au cours du mois de décembre :

Le 6/12 *Achat de 300 actions d'une SICAV monétaire au prix unitaire de 62,80 € pour un placement temporaire de deux mois ;*

Le 14/12 *Achat en Bourse de 400 obligations cotées à 230,00 €, pour un placement à long terme ; frais de Bourse : 46,00 € hors taxes, TVA 19,60 % ;*

Le 15/12 *Achat de 550 actions de la SA Nivel au capital de 100 000,00 € ; valeur unitaire de l'action : 100,00 € ; les frais d'acquisition s'élèvent à 1 100,00 € hors taxes, TVA au taux normal.*

- *Justifier la nature des titres.*
- *Comptabiliser les opérations réalisées, sachant que la société a opté pour la comptabilisation en charges des frais sur achats de titres autres que les titres de participation et pour l'intégration des frais sur achats de titres de participation dans le coût d'acquisition.*

CORRIGÉ

1 – La nature des titres

Le 6/12 : il s'agit de valeurs mobilières de placement car la société effectue un placement à court terme.

Le 14/12 : ce sont des titres immobilisés car il s'agit d'un placement à long terme, sans intention de participer à la gestion de la société émettrice.

Le 15/12 : les titres acquis s'élèvent à 55 000 € (550 x 100) et représentent 55 % du capital de la société émettrice. Il s'agit de titres de participation.

2 – La comptabilisation des opérations réalisées

	6/12		
503	Actions	18 840,00	
512	Banques		18 840,00
	SICAV, prélèvement n° …		
	14/12		
272	Titres immobilisés (droit de créance)	92 000,00	
6271	Frais sur titres (achat, vente, garde)	46,00	
44566	TVA sur autres biens et services	9,02	
512	Banques		92 055,02
	Obligations, prélèvement n° …		
	15/12		
261	Titres de participation	56 100,00	
44566	TVA sur autres biens et services	215,60	
512	Banques		56 315,60
	Titres, prélèvement n° … ;		
	TVA : 1 100 x 19,60 %		

EXERCICE 28 Immobilisations produites par l'entreprise

La société Info'Com, spécialisée en ingénierie informatique, a commencé au cours de l'exercice précédent la création de son site Internet qui lui permet à la fois de présenter l'entreprise, son catalogue et d'enregistrer les commandes éventuelles des clients.

Le site a été mis en service le 25 mars N. Le détail des coûts engagés est le suivant :

Exercice « N – 1 »

- *frais de recherche préalable pour un montant de 1 230,00 € (étude de faisabilité, sélection des fournisseurs, informations juridiques…) ;*
- *immatriculation du nom de domaine : 800,00 € ;*
- *coût de développement du logiciel d'exploitation : 3 003,00 €.*

Exercice « N »

- *coût de développement du graphisme : 2 450,00 € ;*
- *coût relatif au contenu du site (texte, photos, tableaux) : 3 672,00 € ;*
- *coût de réalisation de la documentation technique : 1 575,00 € ;*
- *coût de la formation du personnel chargé de la maintenance : 1 160,00 €.*

- *Indiquer pour chaque coût engagé sa destination : charge ou actif.*
- *Déterminer la valeur d'entrée du site dans le patrimoine.*
- *Comptabiliser les éléments du coût de production du site au 31 décembre N – 1 et au 25 mars N.*

CORRIGÉ

1 – La destination des coûts

La ventilation des coûts, en charge ou en actif, engagés pour créer le site est la suivante :

Nature du coût	Charge	Actif
Frais de recherche préalable	X	
Immatriculation du nom de domaine		X
Coût de développement du logiciel d'exploitation		X
Coût de développement du graphisme		X
Coût relatif au contenu du site (texte, photos, tableaux)		X
Coût de réalisation de la documentation technique		X
Coût de la formation du personnel chargé de la maintenance	X	

Les frais de recherche préalable constituent des charges car ils ne réunissent pas les conditions auxquelles doivent répondre les immobilisations.

Les coûts correspondants à la phase de développement et de production constituent le coût de production du site à inscrire à l'actif.

Les dépenses de formation constituent des charges car elles correspondent à la phase d'exploitation du site.

2 – La détermination de la valeur d'entrée du site dans le patrimoine

La valeur d'entrée dans le patrimoine est égale à la somme des éléments du coût de production à comptabiliser en immobilisation, soit :

800 + 3 003 + 2 450 + 3 672 + 1 575 = 11 500 €

3 – La comptabilisation

	31/12/N – 1		
232	Immobilisations incorporelles en cours	3 803,00	
72	Production immobilisée		3 803,00
	Fiche analytique n° … ; site Internet : 800 + 3 003		
	25/3/N		
205	Concessions et droits similaires, brevets, licences, marques, procédés, logiciels, droits et valeurs similaires	11 500,00	
232	Immobilisations incorporelles en cours		3 803,00
72	Production immobilisée		7 697,00
	Site Internet achevé, fiche analytique n° …		

La production d'immobilisation incorporelle pour soi-même n'est pas soumise à la TVA.

EXERCICE 29 Financement des immobilisations

La société Deroche a réalisé plusieurs investissements au cours de l'exercice ; les modalités de financement des biens sont les suivantes :

Le 5/2 *L'entreprise a contracté un emprunt de 20 000,00 € auprès de sa banque, remboursable sur cinq ans, pour l'acquisition d'une camionnette de livraison. Le taux d'intérêt est de 5,50 % ;*

Le 1/3 *L'entreprise a signé un contrat de crédit-bail d'une durée de cinq ans concernant une machine outil robotisée de 8 500,00 € hors taxes.*

Le contrat stipule notamment :

- *un dépôt de garantie de 4 500,00 € à verser à la signature du contrat ;*
- *une redevance trimestrielle payable d'avance d'un montant de 600,00 € hors taxes, TVA 19,60 % ;*

Le 16/4 *L'entreprise reçoit notification de l'octroi d'une subvention de 100 000,00 € dont l'objet est de financer partiellement l'acquisition de matériels destinés à réduire le bruit.*

La somme est perçue le 20 mai par virement bancaire.

■ *Enregistrer les opérations du 5 février au 20 mai.*

CORRIGÉ

	5/2		
512	Banques	20 000,00	
164	Emprunts auprès des établissements de crédit		20 000,00
	Emprunt camionnette ; tableau d'amortissement n° …		
	1/3		
275	Dépôts et cautionnements versés	4 500,00	
512	Banques		4 500,00
	CH n° … ; contrat de crédit-bail n° …		
	d°		
612	Redevances de crédit-bail	600,00	
44566	TVA sur autres biens et services	117,60	
512	Banques		717,60
	CH n° …		
	16/4		
441	État – Subventions à recevoir	100 000,00	
131	Subventions d'équipement		100 000,00
	Notification n° …		
	20/4		
512	Banques	100 000,00	
441	État – Subventions à recevoir		100 000,00
	VIR n° …		

THÈME 10

Les effets de commerce et les autres formes de mobilisation de créances

EXERCICE 30 Effets à recevoir et effets à payer

La société Goyat a réalisé les opérations suivantes au cours du mois de janvier :

Le 5/1 *La société adresse à son client Oudot la facture n° 03413 accompagnée de la lettre de change relevé n° 1530 correspondante :*

- *prix brut des marchandises 3 500,00 € hors taxes ;*
- *remise 20 % ;*
- *TVA taux normal ;*
- *paiement à 30 jours fin de mois.*

Le 9/1 *La société adresse à son fournisseur Hélias le billet à ordre relevé n° 2711, en règlement de la facture n° 1987 d'un montant de 2 820,00 € ;*

Le 12/1 *La société reçoit du client Oudot la lettre de change relevé n° 1530 acceptée ;*

Le 18/1 *La société reçoit de son fournisseur Jany la lettre de change relevé n° 0210 pour acceptation, en règlement de la facture n° 02836 d'un montant de 5 475,50 € ;*

Le 22/1 *La société retourne à son fournisseur Jany la lettre de change relevé acceptée.*

■ *Comptabiliser au journal l'ensemble des opérations.*

CORRIGÉ

	5/1		
411	Clients	3 348,80	
707	Ventes de marchandises		2 800,00
44571	TVA collectée		548,80
	Oudot FA n° 03413		
	9/1		
401	Fournisseurs	2 820,00	
403	Fournisseurs – Effets à payer		2 820,00
	Hélias BOR n° 2711		
	12/1		
413	Clients – Effets à recevoir	3 348,80	
411	Clients		3 348,80
	Oudot LCR n° 1530		
	22/1		
401	Fournisseurs	5 475,50	
403	Fournisseurs – Effets à payer		5 475,50
	Jany LCR n° 0210		

Les lettres de change sont comptabilisées chez le fournisseur comme chez le client après leur acceptation.

EXERCICE 31 Endossement, encaissement et paiement des effets

Vous êtes employé (e) comme comptable dans la société Carrey. Cette dernière détient les effets suivants au 1er février :

- *Lettre de change relevé n° 235 de son client Genin : 362,00 € ;*
- *Lettre de change relevé n° 236 de son client Potier : 284,50 € ;*
- *Lettre de change relevé n° 237 de son client Serot : 1 023,00 € ;*
- *Billet à ordre relevé n° 123 de son client Bonet : 635,00 € ;*

Les opérations du mois de février vous sont communiquées :

Le 3/2 La lettre de change relevé n° 236 est endossée à l'ordre du fournisseur Fabert ;

Le 5/2 La lettre de change relevé n° 237, à échéance du 10 février, est remise à l'encaissement à la banque ;

Le 6/2 Le billet à ordre relevé n° 123 est remis à l'escompte auprès de la banque ;

Le 12/2 La société reçoit un avis de crédit de sa banque relatif à la remise du 5 février :

Montant net : 1 015,00 €, commissions 8,00 € TTC, TVA taux normal ;

Le 15/2 La société reçoit un avis de crédit de sa banque relatif à la remise du 6 février :

Nominal 635,00 € ; escompte 36,90 €, commissions 7,00 € hors taxes, TVA taux normal ;

Le 22/2 La société adresse à son client Brot la lettre de change relevé n° 238 en règlement de la facture n° 11332 d'un montant de 1 375,00 € ;

Le 27/2 La société reçoit un avis de débit de sa banque relatif au règlement du billet à ordre relevé n° 310, à échéance du 25 février, pour un montant de 374,00 € ;

Le 28/2 La société reçoit du client Brot la lettre de change relevé n° 238 acceptée.

- *Comptabiliser les opérations du mois de février.*
- *Déterminer le solde du compte « 413 Clients – Effets à recevoir » à la fin du mois de février.*

CORRIGÉ

1 – Les écritures au journal

	3/02		
401	Fournisseurs	284,50	
413	Clients – Effets à recevoir		284,50
	Fabert endos LCR n° 236		
	5/02		
5113	Effets à l'encaissement	1 023,00	
413	Clients – Effets à recevoir		1 023,00
	BORD n° … ; LCR n° 237 pour encaissement		

	6/2		
5114	Effets à l'escompte	635,00	
413	Clients – Effets à recevoir		635,00
	BORD n° … ; BOR n° 123 pour escompte		
	12/2		
512	Banques	1 015,00	
627	Services bancaires et assimilés*	6,69	
44566	TVA sur autres biens et services	1,31	
5113	Effets à l'encaissement		1 023,00
	*Avis de crédit n° … ; *(8,00 / 1,196)*		
	15/2		
512	Banques	589,73	
661	Charges d'intérêt	36,90	
627	Services bancaires et assimilés	7,00	
44566	TVA sur autres biens et services	1,37	
5114	Effets à l'escompte		635,00
	Avis de crédit n° …		
	27/2		
403	Fournisseurs – Effets à payer	374,00	
512	Banques		374,00
	Avis de débit n° … ; règlement BOR n° 310		
	28/2		
413	Clients – Effets à recevoir	1 375,00	
411	Clients		1 375,00
	Brot LCR n° 238		

2 – Le solde du compte « 413 Clients – Effets à recevoir »

La situation du compte « 413 Clients – Effets à recevoir » se présente ainsi :

	D	C	
Solde au 1/2	2 304,50	284,50	3/2
28/2	1 375,00	1 023,00	5/2
		635,00	6/2
TD	3 679,50	1 942,50	TC
		1 737,00	SD

Le solde débiteur de 1 737,00 € correspond aux montants des lettres de change relevés n°s 235 et 238.

EXERCICE 32 Effets impayés

Vous êtes chargé (e) de la gestion des effets au sein de la société Pullman.

Les opérations du mois de mai sont les suivantes :

Le 2 mai *La banque avise la société que la lettre de change relevé n° 704 d'un montant de 8 500,00 €, tirée sur le client Nydec, remise à l'escompte le 26 avril, est impayée : montant toutes taxes comprises des frais retenus : 54,20 € (TVA taux normal) ;*

Le 3 mai *En raison de difficultés de trésorerie, la société Pullman ne pourra honorer la lettre de change relevé n° 308 d'un montant de 3 200,00 € du fournisseur Boxit à échéance du 30 avril : elle demande l'annulation de cette traite ;*

Le 4 mai *Le client Duvant avise la société qu'il ne peut honorer le billet à ordre relevé n° 701 de 1 250,00 €, à échéance du 10 mai ;*

Le 6 mai *Le fournisseur Boxit accepte l'annulation de la traite. Il adresse une nouvelle lettre de change relevé n° 326, à échéance du 30 juin, aux conditions suivantes :*

8 % l'an d'intérêts de retard ; frais de correspondance : 4,00 €.

Cette dernière est retounée acceptée le jour même ;

Le 8 mai *La société, ne possédant plus l'effet en portefeuille, accepte de faire les fonds à son client Duvant ; un virement bancaire est effectué auprès de sa banque ;*

Le 12 mai *La banque nous avise que la traite n° 135 d'un montant de 3 450,00 €, à échéance du 10 mai, du fournisseur Polin est impayée faute de provision suffisante ;*

Le 15 mai *La société reçoit de son client Duvant un nouveau billet à ordre relevé n° 153, à échéance du 30 juin, augmenté de :*

7 % l'an d'intérêts de retard ; frais de correspondance : 6,00 €.

■ *Comptabiliser au journal l'ensemble des opérations du mois de mai.*

CORRIGÉ

	2/5		
411	Clients	8 554,20	
512	Banques		8 554,20
	Nydec LCR n° 704 impayée		
	6/5		
403	Fournisseurs – Effets à payer	3 200,00	
401	Fournisseurs		3 200,00
	Boxit LCR n° 308 annulée		

Les opérations des 3 et 4 mai n'entraînent pas d'enregistrement comptable ; il faut attendre la décision de l'entreprise titulaire de l'effet à recevoir.

	6/5		
401	Fournisseurs	3 200,00	
661	Charges d'intérêts*	42,67	
626	Frais postaux et de télécommunications	4,00	
403	Fournisseurs – Effets à payer		3 246,67
	*Boxit LCR n° 326 ; *(3 200 x 8 %) 2 / 12*		
	8/5		
411	Clients	1 250,00	
512	Banques		1 250,00
	Duvant VIR n° …		
	12/5		
403	Fournisseurs – Effets à payer	3 450,00	
401	Fournisseurs		3 450,00
	Polin LCR n° 135 impayée		
	15/5		
413	Clients – Effets à recevoir	1 267,99	
411	Clients		1 250,00
763	Revenus des autres créances*		11,99
626	Frais postaux et de télécommunications		6,00
	*Duvant BOR n° 153 ; *(1 250 x 7 %) 50 / 365*		

EXERCICE 33 Cession de créances professionnelles

La société Marrec a cédé, au cours du mois d'octobre, plusieurs créances selon les modalités suivantes :

Le 15/10 La société transmet à sa banque une lettre de change relevé magnétique. Le montant global des créances s'élève à 15 000,00 €, elles doivent être réglées le 15 décembre ;

Le 20/10 La société reçoit de sa banque un avis relatif à la lettre de change relevé magnétique mentionnant :

– intérêts : 90,00 € ;

– frais bancaires toutes taxes comprises : 12,00 €, TVA taux normal ;

– net porté en compte : 14 898,00 € ;

Le 22/10 L'entreprise cède à sa banque une créance sur son client Pichot d'un montant de 2 800,00 € dont l'échéance est au 22 décembre. Elle remplit à cet effet un bordereau de cession de créances professionnelles qu'elle remet à sa banque ;

Le 24/10 La banque accorde un crédit de 2 800,00 € à l'entreprise.

Les intérêts s'élèvent à 52,00 € ;

Le 15/12 Les créances ayant fait l'objet de la lettre de change relevé magnétique du 15 octobre sont réglées par les clients.

Le jour même, la société rembourse le crédit à sa banque ;

Le 22/12 Le client Pichot règle sa dette par chèque bancaire.

Le jour même, la société rembourse le crédit à sa banque.

■ *Comptabiliser au journal l'ensemble des opérations s'échelonnant du mois d'octobre au mois de décembre.*

CORRIGÉ

L'opération du 15 octobre n'entraîne pas d'écriture.

	20/10		
512	Banques	14 898,00	
661	Charges d'intérêts	90,00	
627	Services bancaires et assimilés*	10,03	
44566	TVA sur autres biens et services	1,97	
519	Concours bancaires courants		15 000,00
	*Avis de crédit n° … ; LCR magnétique ; *(12 / 1,196)*		
	22/10		
4116	Clients – Créances professionnelles cédées	2 800,00	
411	Clients		2 800,00
	BOR Dailly n° … ; Pichot		
	24/10		
512	Banques	2 748,00	
661	Charges d'intérêts	52,00	
519	Concours bancaires courants		2 800,00
	Avis de crédit n° …		
	15/12		
512	Banques	15 000,00	
411	Clients		15 000,00
	Avis de crédit n° …		
	d°		
519	Concours bancaires courants	15 000,00	
512	Banques		15 000,00
	Avis de débit n° …		
	22/12		
512	Banques	2 800,00	
411	Clients		2 800,00
	Pichot CH n° …		
	d°		
519	Concours bancaires courants	2 800,00	
512	Banques		2 800,00
	Avis de débit n° …		

THÈME 11

La paie et les charges assises sur les salaires

EXERCICE 34 Comptabilisation de la paie

Les données de la paie du mois de juin, de la société Le Guen, sont regroupées comme suit :

Salaires bruts :	*24 800,00 €*
Acomptes :	*5 800,00 €*
Cotisations :	
Retenues de Sécurité sociale : (CSG et CRDS comprises)	*3 720,00 €*
Assurance chômage : (Pôle emploi)	*595,19 €*
Retraite des salariés non cadres : (ARRCO)	*1 120,48 €*
Retraite des salariés cadres : (AGIRC)	*1 549,84 €*
Titres restaurant : (part salariale)	*600,00 €*
Indemnités de transport :	*154,00 €*

- *Calculer le « Net à payer » des salaires.*
- *Comptabiliser les éléments de la paie sachant que :*
  - *les acomptes sont versés par chèque le 15 du mois ;*
  - *les salaires sont réglés par virements bancaires le 5 du mois suivant.*

CORRIGÉ

1 – Le calcul du « Net à payer » des salaires

Les salaires « Nets à payer » se calculent de la manière suivante :

Salaires bruts
– Cotisations sociales
– Acomptes versés
– Tickets restaurant (part salariale)
+ Indemnités de transport

= Salaires nets à payer

Soit :

24 800,00 – 6 985,51 – 5 800,00 – 600,00 + 154,00 = 11 568,49 €

2 – La comptabilisation de la paie

	15/6		
425	Personnel – Avances et acomptes	5 800,00	
512	Banques		5 800,00
	CH n° …		
	30/6		
641	Rémunérations du personnel*	24 954,00	
421	Personnel – Rémunérations dues		24 954,00
	*Bulletins n° … ; * (24 800,00 + 154,00)*		
	30/6		
421	Personnel – Rémunérations dues	13 385,51	
425	Personnel – Avances et acomptes		5 800,00
431	Sécurité sociale		3 720,00
4371	Autres organismes sociaux Pôle emploi		595,19
4372	Autres organismes sociaux ARRCO		1 120,48
4373	Autres organismes sociaux AGIRC		1 549,84
4374	Autres organismes sociaux Tickets restaurant		600,00
	État n° …		
	5/7		
421	Personnel – Rémunérations dues	11 568,49	
512	Banques		11 568,49
	VIR n° …		

Les salaires « Nets à payer » (11 568,49 €) correspondent au solde créditeur du compte « 421 Personnel – Rémunérations dues », soit :

24 954,00 – 13 385,51 €

EXERCICE 35 Comptabilisation des charges sociales patronales

Vous êtes employé (e) au service paie de la société Garo et disposez des informations suivantes pour le mois d'avril :

Charges sociales totales (cotisations salariales et cotisations patonales)	
Sécurité sociale	*10 848,72 €*
Assurance chômage	*1 830,00 €*
Retraite des non cadres (ARRCO)	*1 340,64 €*
Retraite des cadres (AGIRC)	*3 641,64 €*
Aide au logement	*134,10 €*
Versement de transport	*300,00 €*
Prévoyance	*228,60 €*

La quote-part des charges sociales incombant aux salariés, pour le mois concerné, est portée au crédit des comptes suivants :

431	*Sécurité sociale*	*3 475,44 €*
4371	*Autres organismes sociaux Pôle emploi*	*630,00 €*
4372	*Autres organismes sociaux ARRCO*	*536,28 €*
4373	*Autres organismes sociaux AGIRC*	*1 377,42 €*

- *Déterminer et comptabiliser les cotisations sociales patronales pour le mois d'avril.*
- *Comptabiliser les versements effectués par chèques bancaires aux différents organismes en date du 10 mai.*

CORRIGÉ

1 – Le calcul et la comptabilisation des charges sociales patronales

Le montant des cotisations patronales relatives à la Sécurité sociale, à l'assurance chômage et à la retraite est égal respectivement à la différence entre le montant total et la quote-part incombant aux salariés, soit :

Sécurité sociale	:	10 848,72	–	3 475,44	=	7 373,28
Assurance chômage	:	1 830,00	–	630,00	=	1 200,00
Retraite des non cadres	:	1 340,64	–	536,28	=	804,36
Retraite des cadres	:	3 641,64	–	1 377,42	=	2 264,22
						11 641,86

Les cotisations aide au logement, versement de transport et prévoyance ne sont à la charge que des employeurs.

L'écriture est la suivante :

	30/4		
645	Charges de sécurité sociale et de prévoyance[1]	11 870,46	
633	Impôts, taxes et versements assimilés sur rémunérations (autres organismes)[2]	434,10	
431	Sécurité sociale[3]		8 035,98
4371	Autres organismes sociaux Pôle emploi		1 200,00
4372	Autres organismes sociaux ARRCO		804,36
4373	Autres organismes sociaux AGIRC		2 264,22
	D'après état n° …		

(1) (11 641,86 + 228,60).

(2) (300,00 +134,10).

(3) (7 373,28 + 134,10 + 300,00 + 228,60).

2 – La comptabilisation des versements aux organismes sociaux

	10/5		
431	Sécurité sociale[1]	11 511,42	
4371	Autres organismes sociaux Pôle emploi	1 830,00	
4372	Autres organismes sociaux ARRCO	1 340,64	
4373	Autres organismes sociaux AGIRC	3 641,64	
512	Banques		18 323,70
	CH n° …		

(1) (3 475,44 + 8 035,98).

EXERCICE 36 Autres charges relatives aux salaires

La société Lucas, entreprise de 25 salariés, a enregistré 485 000,00 € de rémunérations brutes en « N ».

Au cours de l'année « N », elle a effectué les dépenses suivantes :

- *versement d'une subvention de 825,00 € à un centre de formation des apprentis au titre de la taxe d'apprentissage ;*
- *honoraires d'un enseignant extérieur (3 500,00 €) au titre de la formation professionnelle.*

Le taux de la taxe d'apprentissage est de 0,50 % ; la contribution au développement de l'apprentissage s'élève à 873,00 €.

Le taux de la participation à la formation professionnelle est de 1,60 %.

■ *Enregistrer les opérations nécessaires, en « N » et « N + 1 », sachant que les déclarations et les éventuels paiements d'impôt doivent parvenir au plus tard le 30 avril N + 1.*

CORRIGÉ

	En « N »		
6335	Versements libératoires ouvrant droit à l'exonération de la taxe d'apprentissage	825,00	
512	Banques		825,00
	Subvention CFA ; CH n° …		
	d°		
6226	Honoraires	3 500,00	
512	Banques		3 500,00
	CH n° …		

Calcul de la taxe d'apprentissage à déclarer :

(485 000 x 0,50 %) – 825,00 = 1 600,00 €

Montant global à déclarer (Taxe + Contribution) :

1 600,00 + 873,00 = 2 473,00 €

Calcul de la participation à la formation professionnelle :

(485 000 x 1,60 %) – 3 500,00 = 4 260,00 €

	30/4/N + 1		
6312	Taxe d'apprentissage	2 473,00	
512	Banques		2 473,00
	Déclaration n° … ; CH n° …		
	d°		
6313	Participation des employeurs à la formation professionnelle continue	4 260,00	
512	Banques		4 260,00
	Déclaration n° … ; CH n° …		

THÈME 12

La déclaration de TVA et sa comptabilisation

EXERCICE 37 Éléments de calcul relatifs à la déclaration : opérations réalisées en France

La société Tanguy spécialisée dans la vente et la réparation d'articles de camping (tentes, auvents, bâches…) relève du régime du réel normal.

Les opérations réalisées sont soumises à la TVA au taux de 19,60 %.

La société n'a pas opté pour la TVA sur les débits en ce qui concerne l'activité de réparation.

La comptabilité fournit les informations suivantes pour le mois de mars :

Ventes de marchandises[1] :	*35 907,00 €*
Achats de marchandises[1] :	*12 301,00 €*
Acquisitions d'immobilisations[1] :	*3 415,00 €*
Ventes de prestations de services à crédit[1] :	*1 952,00 €*
Acomptes reçus sur commandes de marchandises :	*364,00 €*
Encaissements relatifs aux réparations facturées[2] :	*4 794,00 €*
Acompte versé à l'électricien pour des travaux à effectuer en mai[2] :	*2 392,00 €*

(1) Hors taxes.
(2) Toutes taxes comprises.

■ *Déterminer le montant de la TVA à déclarer.*

CORRIGÉ

Les éléments de calcul de la TVA à déclarer sont présentés dans le tableau ci-dessous :

Éléments	Exigibilité Déductibilité	Calcul (arrondi à l'euro le plus proche)
TVA collectée		
Ventes de marchandises	Exigibilité à la livraison	35 907 x 19,6 % = 7 038,00
Ventes de prestations de services à crédit	Exigibilité à l'encaissement	Néant
Acomptes reçus sur commandes marchandises	Pas de TVA	Néant
Encaissements reçus sur facturation des réparations	Exigibilité à l'encaissement	$\frac{4\,794 \times 19,60\,\%}{1,196}$ = 786,00
	Total	7 824,00
TVA déductible sur autres biens et services		
Achats de marchandises	Déductibilité à la livraison	12 301 x 19,6 % = 2 411,00
Acompte versé sur travaux	Déductibilité lors du paiement	$\frac{2\,392 \times 19,6\,\%}{1,196}$ = 392,00
	Total	2 803,00
TVA déductible sur immobilisations		
Acquisitions d'immobilisations	Déductibilité à la livraison	3 415 x 19,6 % = 669,00
	Total	669,00

Le montant de la TVA à déclarer pour le mois de mars est égal à la différence entre la TVA collectée en mars et le montant global de la TVA déductible de la même période, soit :

7 824,00 – (2 803,00 + 669,00) = 4 352,00 €

Le montant de la TVA collectée est supérieur au montant de la TVA déductible ; on constate donc une TVA à décaisser.

EXERCICE 38 Éléments de calcul relatifs à la déclaration : opérations réalisées en France et à l'étranger

La société Déco, spécialisée dans la vente en gros de cadeaux et d'objets de décoration, a réalisé les opérations suivantes au cours du mois de décembre :

Ventes de marchandises hors taxes en France :	*173 150,00 €*
Ventes de marchandises hors taxes en Union européenne :	*55 521,00 €*
Ventes de marchandises à l'étranger hors Union européenne :	*26 860,00 €*
Achats de marchandises hors taxes en France :	*82 504,00 €*
Achats de marchandises hors taxes en Union européenne (facture jointe à la livraison) :	*1 290,00 €*
Achats de marchandises à l'étranger hors Union européenne (valeur en douane) :	*23 200,00 €*
Acquisition d'un véhicule de tourisme, montant toutes taxes comprises :	*22 724,00 €*
Paiement d'acomptes, toutes taxes comprises, à des prestataires de services établis en France, n'ayant pas opté pour la TVA sur les débits :	*1 178,06 €*

■ *Déterminer le montant de la TVA à déclarer pour le mois de décembre sachant que l'entreprise a constaté le mois dernier un crédit de TVA reportable de 3 256,00 €.*

CORRIGÉ

Les exportations et les livraisons intracommunautaires sont exonérées de TVA.

Les importations et les acquisitions intracommunautaires sont soumises à la TVA française.

La TVA sur les véhicules de tourisme n'est pas déductible, le cœfficient de déduction est donc égal à zéro.

Les éléments de calcul de la TVA à déclarer sont les suivants :

Éléments	Exigibilité Déductibilité	Calcul (arrondi à l'euro le plus proche)
TVA collectée		
Ventes de marchandises en France	Exigibilité à la livraison	173 150 x 19,6 % = 33 937,00
Acquisitions intracommunautaires	Exigibilité à la date de réception de la facture	1 290 x 19,6 % = 253,00
	Total	34 190,00
TVA déductible sur autres biens et services		
Achats de marchandises en France	Déductibilité à la livraison	82 504 x 19,6 % = 16 171,00
Acquisitions intracommunautaires	Déductibilité à la date de réception de la facture	1 290 x 19,6 % = 253,00
Importations	Déductibilité lors du dédouanement	23 200 x 19,6 % = 4 547,00
Acomptes versés aux prestataires	Déductibilité lors du paiement	$\frac{1\,178{,}06}{1{,}196}$ x 19,6 % = 193,00
	Total	21 164,00

Le montant de la TVA à déclarer pour le mois de décembre est égal à la différence entre la TVA collectée en décembre et le montant global de la TVA déductible de la même période, majoré du crédit de TVA du mois précédent, soit :

34 190,00 – (21 164,00 + 3 256,00) = 9 770,00 €

EXERCICE 39 Comptabilisation de la déclaration

Les soldes au 31 mai des comptes de TVA utilisés par l'entreprise Tiaz sont les suivants :

4452	*TVA due intracommunautaire*	*2 477,00 €*
44562	*TVA sur immobilisations*	*2 999,00 €*
445661	*TVA sur autres biens et services*	*66 676,00 €*
445662	*TVA déductible intracommunautaire*	*2 477,00 €*
44567	*Crédit de TVA à reporter*	*1 404,00 €*
44571	*TVA collectée*	*84 156,00 €*

- *Calculer la TVA à déclarer au titre du mois de mai.*
- *Comptabiliser la déclaration.*
- *Comptabiliser, s'il y a lieu, l'opération de paiement de la TVA à décaisser en date du 15 juin.*

CORRIGÉ

1 – Le calcul de la TVA à déclarer

Le calcul est le suivant :

TVA à déclarer = TVA collectée + TVA due intracommunautaire

–

TVA déductible sur autres biens et services, sur immobilisations et sur acquisitions intracommunautaires

–

Crédit de TVA à reporter

Soit :

$$(84\,156{,}00 + 2\,477{,}00)$$
$$-$$
$$(66\,676{,}00 + 2\,999{,}00 + 2\,477{,}00)$$
$$-$$
$$1\,404{,}00$$
$$=$$
$$13\,077{,}00\ €$$

La TVA collectée est supérieure à la TVA déductible augmentée du crédit de TVA à reporter ; on constate donc une TVA à décaisser.

2 – La comptabilisation de la déclaration

	31/5		
44571	TVA collectée	84 156,00	
4452	TVA due intracommunautaire	2 477,00	
44562	TVA sur immobilisations		2 999,00
44566	TVA sur autres biens et services		66 676,00
445662	TVA déductible intracommunautaire		2 477,00
44567	Crédit de TVA à reporter		1 404,00
44551	TVA à décaisser		13 077,00
	Déclaration CA3 n° … mai		

3 – La comptabilisation du paiement

	15/6		
44551	TVA à décaisser	13 077,00	
512	Banques		13 077,00
	CH n° …		

THÈME 13

Révision des opérations courantes

Les QCM sont des questions à choix multiple. À chaque question posée, il vous est proposé différentes réponses parmi lesquelles il vous faut cocher une réponse juste, plusieurs réponses justes, voire, pour certaines questions, toutes les réponses. Ce sont donc des questions fermées auxquelles vous devez répondre rapidement avec un temps de réflexion limité.

EXERCICE 40 17 questions à choix multiple

1 – *Cochez les affirmations exactes relatives à la taxe sur la valeur ajoutée :*

❒ a. la TVA est un impôt indirect

❒ b. la TVA est supportée par chaque acteur de la chaîne économique

❒ c. la TVA est supportée par le consommateur final

❒ d. la TVA a une incidence sur le résultat de l'entreprise assujettie

❒ e. l'assujetti perçoit, chaque mois, de la part du Trésor le remboursement de la TVA qu'il a payée sur ses achats

❒ f. l'assujetti déduit de la TVA qu'il a collectée pour le compte de l'État, la TVA qu'il a supportée sur ses achats

2 – *Les règles comptables relatives à la facture sont :*

- ❐ a. les réductions commerciales figurant sur la facture sont comptabilisées
- ❐ b. c'est le « Net financier » :

  Prix brut – Réductions commerciales – Escompte

  qui est comptabilisé dans un compte d'achats ou de ventes
- ❐ c. l'escompte de règlement figurant sur la facture d'achats ou de ventes est comptabilisé
- ❐ d. la TVA est comptabilisée chez l'acheteur et chez le vendeur dans un compte de tiers « État »
- ❐ e. le « Net à payer » représente le montant dû par le fournisseur à son client
- ❐ f. le « Net à payer » est une créance pour le vendeur, une dette pour l'acheteur

3 – *La base d'imposition à la TVA est égale :*

- ❐ a. au prix de vente brut hors taxes augmenté des frais accessoires
- ❐ b. au prix de vente hors taxes net de toutes réductions augmenté des frais accessoires
- ❐ c. au prix de vente hors taxes net de toutes réductions diminué des frais accessoires

4 – *La consignation des emballages est une opération exonérée de TVA :*

- ❐ a. vrai
- ❐ b. faux

5 – *Un vendeur assure le transport des marchandises par ses propres moyens et le facture à son client. Il s'agit de la condition de transport :*

- ❐ a. port dû
- ❐ b. port forfaitaire
- ❐ c. port payé
- ❐ d. franco de port

6 – *La consignation des emballages récupérables représente :*

Chez le client	
❒ a.	une charge
❒ b.	un produit
❒ c.	une créance
❒ d.	une dette

Chez le fournisseur	
❒ e.	une charge
❒ f.	un produit
❒ g.	une créance
❒ h.	une dette

7 – *Cochez les opérations et les activités imposables à la TVA :*

❒ a. livraisons de biens meubles corporels
❒ b. prestations de services et travaux immobiliers
❒ c. livraisons à soi-même d'immobilisations
❒ d. livraisons intracommunautaires
❒ e. exportations
❒ f. professions juridiques (avocats, notaires...)
❒ g. activités médicales et paramédicales
❒ h. acquisitions intracommunautaires
❒ i. importations
❒ j. opérations financières (emprunt, acquisition et cession de titres, intérêts...)

8 – *En matière de TVA, l'exigibilité par le redevable et le droit à déduction pour le client est :*

❒ a. la première utilisation du bien pour les livraisons à soi-même
❒ b. l'exécution des services pour les prestations de services
❒ c. l'encaissement du prix pour les prestations de services
❒ d. la délivrance du bien pour les livraisons de biens
❒ e. l'encaissement du prix pour les livraisons de bien

9 – *Parmi les charges fiscales suivantes, cochez celles qui sont assises sur les salaires :*

- ❒ a. taxe foncière
- ❒ b. taxe d'apprentissage
- ❒ c. versement transport
- ❒ d. taxe professionnelle
- ❒ e. participation à l'effort de construction

10 – *La base de calcul de l'ensemble des cotisations salariales destinées à la protection sociale est la suivante :*

Salaire de base
\+ Éléments accessoires
– Éléments venant minorer le salaire brut (absences)

- ❒ a. vrai
- ❒ b. faux

11 – *L'entreprise désire placer pour trois mois un excédent de trésorerie. Pour cela, elle doit acquérir :*

- ❒ a. des « Titres immobilisés »
- ❒ b. des « Valeurs mobilières de placement »
- ❒ c. des « Titres de participation »

12 – *Parmi les affirmations suivantes, cochez celles qui vous semblent exactes :*

- ❒ a. les effets de commerce ne sont pas des instruments de crédit
- ❒ b. les comptes « 413 Clients – Effets à recevoir » et « 403 Fournisseurs – Effets à payer » sont toujours mouvementés pour la valeur nominale de la traite
- ❒ c. la lettre de change relevé magnétique est un effet de commerce
- ❒ d. escompter une traite permet d'obtenir des liquidités avant la date d'échéance de l'effet

13 – *Sont considérés comme des immobilisations :*

- ❒ a. l'ensemble des biens qui interviennent dans le cycle d'exploitation
- ❒ b. les éléments d'actif destinés à rester durablement dans l'entreprise, dont le coût ou la valeur peut être évalué avec une fiabilité suffisante et dont l'entreprise attend des avantages économiques futurs
- ❒ c. les dépenses ultérieures ayant pour effet l'augmentation de la valeur d'un élément d'actif
- ❒ d. les dépenses ultérieures ayant pour effet l'augmentation de la durée probable d'un élément d'actif
- ❒ e. les dépenses ultérieures en vue de maintenir le matériel en état de fonctionnement

14 – *Parmi les affirmations suivantes, relatives aux immobilisations corporelles, cochez celles qui vous semblent vraies :*

- ❒ a. tous les coûts directement attribuables engagés pour mettre en place et en état de fonctionner l'immobilisation (frais de transport, d'installation et de montage) ainsi que les droits de douane, la TVA non récupérable, les droits de mutation, les commissions et les frais d'acte sont, en principe, inclus dans le coût d'acquisition
- ❒ b. les escomptes de règlement sont déduits du coût d'acquisition
- ❒ c. la dette relative à l'acquisition d'une immobilisation s'enregistre dans un compte spécifique de fournisseur
- ❒ d. les comptes d'immobilisations corporelles ont toujours un solde débiteur

15 – *L'annuité de remboursement d'emprunt comprend :*

- ❒ a. la fraction de la dette remboursée et les intérêts
- ❒ b. les intérêts
- ❒ c. la fraction de la dette remboursée

16 – *Le contrat de crédit-bail représente :*

- ❒ a. un contrat de vente à crédit
- ❒ b. un simple contrat de location
- ❒ c. un contrat de location avec la possibilité pour le locataire d'acquérir le bien loué
- ❒ d. un contrat de location vente avec obligation pour le locataire d'acquérir le bien

17 – ***Parmi les affirmations suivantes relatives à la notion de composant, cochez celles qui vous semblent vraies :***

- ❐ a. un composant est un élément principal d'une immobilisation corporelle devant faire l'objet de remplacement et qui a une utilisation différente
- ❐ b. la partie non décomposable d'une immobilisation est appelée structure
- ❐ c. la décomposition d'une immobilisation en composants modifie le coût global de l'immobilisation
- ❐ d. les dépenses de gros entretien faisant l'objet de programmes pluriannuels de grosses réparations ou de grandes révisions peuvent être identifiées comme composant
- ❐ e. si un composant n'a pas été identifié lors de l'entrée de l'immobilisation dans le patrimoine, il ne peut plus l'être ultérieurement au cours de la vie de l'immobilisation

CORRIGÉ

1 – bonnes réponses : ❐ a ❐ c ❐ f

La TVA est un ***impôt indirect sur la consommation*** ; c'est donc le consommateur final qui la supporte, mais elle est réglée par étape par chaque intermédiaire. L'entreprise sert de ***collecteur*** de TVA auprès du consommateur et agit pour le compte de l'État.

Lorsqu'une entreprise vend des biens ou des services, elle ***collecte*** et ***fait payer*** la TVA à ses clients. Lorsqu'elle achète des biens et des services, elle paye la TVA à ses fournisseurs, mais elle la ***déduit*** de la TVA qu'elle a collectée.

Elle ne verse à l'État que la ***différence*** entre la TVA collectée du mois et la TVA déductible du même mois.

Les achats et les ventes apparaissent ***hors taxes*** dans le compte de résultat ; en conséquence, le résultat n'est pas affecté par la TVA.

2 – bonnes réponses : ❐ c ❐ d ❐ f

Les différentes réductions commerciales (rabais, remise et ristourne) qui figurent sur la facture ne sont ***jamais*** comptabilisées.

Par contre, l'escompte de règlement est comptabilisé :

– au ***crédit*** du compte « 765 Escomptes obtenus » pour les achats ;

– au ***débit*** du compte « 665 Escomptes accordés » pour les ventes.

Toutefois, d'après les règles comptables applicables depuis le 1er janvier 2005, les escomptes de règlement doivent être ***déduits*** du prix d'achat des stocks pour déterminer leur coût d'acquisition.

D'autre part, la TVA n'est pas une charge pour l'entreprise assujettie, mais une ***dette*** ou une ***créance*** vis-à-vis du Trésor public. Elle est enregistrée en comptabilité dans le compte de tiers « 44 État et autres collectivités publiques ».

Le « Net à payer » représente le ***montant dû par le client*** au fournisseur. Il constitue pour le vendeur une créance et pour l'acheteur une dette.

3 – bonne réponse : ❐ b

La base d'imposition à la TVA se calcule sur le prix de vente ***hors taxes net de toutes réductions*** (commerciales et/ou financières) augmenté des frais accessoires (coût du transport, intermédiaire...).

La TVA vient ***s'additionner*** à cette base de calcul afin d'obtenir le prix de vente toutes taxes comprises (TTC).

4 – bonne réponse : ❐ a

D'après le Code général des impôts, le montant de la consignation des emballages ***n'est pas pris en compte*** pour la détermination de la base d'imposition à la TVA.

5 – bonne réponse : ❐ b

Lorsque le vendeur assure le transport par ses propres moyens et le facture à son client, il s'agit du ***port forfaitaire***. Le service rendu constitue un produit enregistré au ***crédit*** du compte « 7085 Ports et frais accessoires facturés ».

6 – bonnes réponses : ❐ d ❐ g

La comptabilisation d'emballages récupérables n'est pas une opération d'activité et n'a donc ***pas d'effet sur le résultat***.

Le montant de la consignation est comptabilisé :

– chez le fournisseur : au ***crédit*** du compte « 4196 Clients – Dettes pour emballages et matériels consignés » ;

– chez le client : au ***débit*** du compte « 4096 Fournisseurs – Créances pour emballages et matériels à rendre ».

7 – bonnes réponses : ❒ a ❒ b ❒ c ❒ f ❒ h ❒ i

Parmi les ***opérations et activités imposable***s à la TVA, on distingue :

- les opérations et activités qui relèvent d'une ***activité économique, effectuées à titre onéreux*** par un assujetti : livraisons de biens meubles corporels, livraisons de prestations de services, les activités libérales (avocats, notaires...). Toutefois, les activités médicales et paramédicales sont exonérées ;
- les opérations soumises à la TVA sur ***disposition expresse de la loi*** : les importations, les acquisitions intracommunautaires, les livraisons à soi-même d'immobilisations.

Parmi les ***opérations exonérées***, nous trouvons :

- les exportations ;
- les livraisons intracommunautaires ;
- certaines opérations financières et bancaires (emprunt, acquisition et cession de titres, intérêts...) ;
- les activités médicales et paramédicales.

8 – bonnes réponses : ❒ a ❒ c ❒ d

Pour les livraisons à soi-même : la TVA est acquittée ***par le redevable*** lui-même.

Pour les prestations de services : en cas de paiement fractionné, la TVA est calculée ***sur chaque encaissement***.

Pour les livraisons de biens : la livraison correspond généralement à la date de facturation.

9 – bonnes réponses : ❒ b ❒ c ❒ e

Les charges fiscales assises sur les salaires sont :

- la taxe sur les salaires qui ne concerne que les employeurs non assujettis à la TVA ;
- la participation à la formation professionnelle continue pour tout employeur ;
- la participation à l'effort de construction pour tout employeur ayant plus de neuf salariés ;
- la taxe d'apprentissage pour les entreprises qui exercent une activité industrielle, commerciale ou artisanale ;
- le versement transport pour les entreprises de plus de 9 salariés et situées dans des agglomérations de plus de 20 000 habitants.

Elles s'enregistrent au ***débit*** du compte « 63 Impôts, taxes et versements assimilés » et sont versées soit à l'***État***, soit à des ***organismes collecteurs***.

10 – bonne réponse : ❒ a

L'ensemble de ces éléments constitue le ***salaire brut*** qui est l'assiette de calcul des différentes cotisations sociales.

11 – bonne réponse : ❒ b

Les valeurs mobilières de placement sont des titres acquis pour être cédés ***rapidement*** dans le but de réaliser un ***gain financier***.

12 – bonnes réponses : ❒ b ❒ d

Les effets de commerce (lettres de change et billets à ordre) sont des ***instruments de paiement et de crédit***. Ils représentent à la fois :

- ***pour le client*** : un instrument de crédit avec une échéance à terme ;
- ***pour le fournisseur*** : un moyen de disposer de fonds en cas de besoin, sans attendre le règlement de son client à la date prévue : procédure appelée « escompte » qui est une opération de crédit.

Les comptes « 413 Clients – Effets à recevoir » et « 403 Fournisseurs – Effets à payer » enregistrent les mouvements d'effets de commerce toujours en ***valeur nominale***, c'est-à-dire pour le montant figurant sur l'effet.

La lettre de change relevé magnétique n'est pas matérialisée sur un support papier. La circulation des informations s'effectue par ***télétransmission***. Ce n'est donc pas une lettre de change au sens juridique du terme. Elle est assimilée à une opération de crédit classique.

13 – bonnes réponses : ❒ b ❒ c ❒ d ❒ e

Les immobilisations sont des éléments d'actif destinés à servir de ***façon durable*** à l'activité de l'entreprise.

Le règlement 2004-06 du Comité de la règlementation comptable, entré en vigueur le 1er janvier 2005, a modifié les règles comptables du Plan comptable général relatives à la définition et à la comptabilisation des immobilisations incorporelles et corporelles :

- une immobilisation incorporelle est un ***actif non monétaire*** sans substance physique ;
- une immobilisation corporelle est un ***actif physique*** détenu, soit pour être utilisé dans la production ou la fourniture de biens ou de services, soit pour être loué à des tiers, soit à des fins de gestion interne et dont l'entité attend qu'il soit utilisé au-delà de l'exercice en cours.

Deux autres conditions doivent être respectées pour qu'une immobilisation soit comptabilisée à l'actif :

- il est probable que l'entité bénéficiera des ***avantages économiques futurs*** correspondants ;
- son coût ou sa valeur peut être évalué avec une ***fiabilité suffisante***.

Les dépenses ultérieures significatives en vue de maintenir le matériel en état de fonctionnement et celles dites d'***amélioration*** (augmentation de la valeur, de la durée de vie) ont le caractère d'***immobilisations et de composant***, si elles entraînent une ***augmentation*** des avantages économiques futurs liés à l'immobilisation concernée et si elles peuvent être évaluées avec une fiabilité suffisante, sachant que les critères d'appréciation s'analysent ***à la date d'engagement de la dépense***.

Notons que, d'après cette règle, même les échanges standards sont immobilisés et identifiés comme des composants.

14 – bonnes réponses : ❒ a ❒ b ❒ c ❒ d

Les immobilisations corporelles acquises à titre onéreux sont comptabilisées à leur ***coût d'acquisition***.

Conformément au règlement 2004-06 du Comité de la règlementation comptable, applicable depuis le 1er janvier 2005, le coût d'acquisition comprend :

- le ***prix d'achat***, droits de douane et TVA non récupérable compris, diminué des réductions commerciales et des escomptes de règlement ;
- les ***frais accessoires*** constitués par les coûts directement attribuables engagés pour mettre l'actif en état de marche pour fonctionner selon l'utilisation prévue par la direction (frais de transport, d'installation et de montage…).

Les droits de mutation, honoraires, commissions et frais d'actes peuvent, ***sur option*** et ***uniquement dans les comptes individuels***, être comptabilisés en charges mais sans ***étalement***.

Le compte « 404 Fournisseurs d'immobilisations » enregistre les ***dettes liées à l'investissement*** afin de les distinguer des dettes liées au cycle d'exploitation.

Les comptes d'immobilisations corporelles sont des comptes d'actif, des comptes d'emplois qui augmentent au débit ; ils ont donc un ***solde débiteur***.

15 – bonne réponse : ❒ a

Le remboursement d'un emprunt fait l'objet d'un plan d'amortissement qui prévoit l'échelonnement de l'extinction de la dette et le montant des intérêts à payer.

L'annuité comprend :

Annuité = Amortissement du principal + Montant des intérêts

Elle correspond au montant du ***versement*** à effectuer pour la période concernée.

16 – bonne réponse : ❒ c

Les redevances relatives à l'utilisation de biens en crédit-bail sont enregistrées au ***débit*** du compte « 612 Redevances de crédit-bail ».

Lors de la levée de l'option d'achat, l'entreprise devient ***propriétaire*** du bien ; l'immobilisation est portée au ***débit*** du compte d'immobilisations concerné pour le montant hors taxes établi conformément au contrat initial.

17 – bonnes réponses : ❒ a ❒ b ❒ d

On distingue deux catégories de composants :

- les éléments ***principaux*** d'une immobilisation destinés à être remplacés pendant l'utilisation de l'immobilisation ; leur comptabilisation comme composant est ***obligatoire*** ;
- les dépenses de gros entretien ayant pour objet de vérifier le bon fonctionnement de l'immobilisation ; leur traitement comptable comme composant est ***optionnel***. En effet, l'entreprise peut choisir de constituer une provision.

Une immobilisation décomposable comprend :

- la structure (composant principal) qui, en principe, n'est pas remplacée durant l'utilisation de l'immobilisation ;
- les autres composants qui font l'objet de remplacement pendant la durée d'utilisation de l'immobilisation.

La décomposition d'une immobilisation consiste à ***ventiler son coût d'entrée*** entre la structure et les autres composants.

Lorsqu'un composant n'a pas été identifié à l'origine, il doit l'être ***lors du renouvellement*** de l'élément concerné s'il remplit les conditions de définition et de comptabilisation d'une immobilisation.

PARTIE 3

Les opérations de fin d'exercice

THÈME 14

L'état de rapprochement

EXERCICE 41 État de rapprochement simple et écritures de redressement

Le relevé bancaire, arrêté au 28 février, adressé à la société Lodonnec par la banque de Cornouaille, fait apparaître un solde créditeur de 19 500,00 €.

Le compte « 512 Banques », tenu par la société Lodonnec, présente à la même date un solde débiteur de 22 830,56 €.

Après pointage des deux documents, ne figurent pas sur le relevé bancaire :

– le chèque numéro 120544 d'un montant de 1 200,00 € remis à notre fournisseur Pilou pour solde de son compte ;

– le chèque du client Dupont, remis à l'encaissement le 27 février, d'un montant de 2 350,00 € (porté au débit du compte « 512 Banques » à cette occasion).

En revanche, le relevé bancaire mentionne :

– des frais de tenue de compte pour 430,56 € toutes taxes comprises (TVA au taux normal) ;

– le règlement d'un effet domicilié d'un montant de 1 750,00 € (traite acceptée précedemment, auprès du fournisseur Zip, lors de l'acquisition de matériel informatique).

■ *Présenter l'état de rapprochement.*

■ *Comptabiliser l'écriture correspondante.*

CORRIGÉ

1 – L'état de rapprochement

Opérations	Compte « 512 Banques » dans l'entreprise		Compte Lodonnec tenu à la banque	
	Débit	Crédit	Débit	Crédit
Solde à nouveau	22 830,56			19 500,00
Pilou : chèque n°120544			1 200,00	
Dupont : chèque remis à l'encaissement				2 350,00
Frais de tenue de compte		430,56		
Zip : règlement de l'effet		1 750,00		
Solde du compte		20 650,00	20 650,00	
	22 830,56	22 830,56	21 850,00	21 850,00

2 – L'écriture correspondante

	28/2		
627	Services bancaires et assimilés	360,00	
44566	TVA sur autres biens et services*	70,56	
404	Fournisseurs d'immobilisations – Effets à payer	1 750,00	
512	Banques		2 180,56
	*Selon état de rapprochement ; * (430,56 / 1,196)*		

EXERCICE 42 État de rapprochement et écritures de redressement à partir de documents

Au 30 novembre N, l'état de rapprochement de la société Sulié était le suivant :

Compte envoyé par la banque

	Débit	Crédit
Solde		8 340,00
CH n° 5322	710,00	
CH n° 5323	2 000,00	
Solde	5 630,00	
	8 340,00	8 340,00

Compte « 512 Banques » au grand livre

	Débit	Crédit
Solde	5 630,00	
Solde		5 630,00
	5 630,00	5 630,00

À la fin du mois de décembre N, les documents suivants vous sont confiés :

LCL
Le Crédit Lyonnais

Relevé de compte

Société Robin
Compte 910250258

Date	Libellés	Montant	
		Débit	Crédit
1/12	Solde à nouveau		8 340,00
3/12	CH n° 5322	710,00	
5/12	CH n° 5323	2 000,00	
6/12	Négociation d'effets		6 458,35
10/12	Virement salaires Novembre	18 460,40	
11/12	Remise chèques		39 236,00
13/12	Prélèvement EDF	3 165,00	
14/12	CH n° 5324	750,00	
15/12	Frais de tenue de compte toutes taxes comprises[1]	25,00	
18/12	Impayé Murat (dont frais d'impayé 35,00 €)	1 017,00	
22/12	CH n° 5327	3 780,00	
26/12	Virement client Leduc		12 370,00
28/12	Net encaissement d'effets (Commissions TTC : 41,51 €)		4 628,00
30/12	Domiciliations d'effets	4 827,00	
		34 734,40	71 032,35
	Solde au 31/12	36 297,95	

(1) TVA au taux normal.

« 512 Banques »

Date	Libellés	Débit	Crédit
1/12	Solde à nouveau	5 630,00	
3/12	CH n° 5324 : fournisseur Gurzo		750,00
4/12	Remise de chèques clients	39 236,00	
5/12	Virements salaires de novembre		18 460,40
8/12	Négociation d'effets « Net porté »	6 458,35	
9/12	CH n° 5326 : France Télécom		2 622,00
11/12	CH n° 5327 : loyer		3 780,00
18/12	CH n° 5328 : fournitures de bureau		548,00
26/12	Remise de chèques	12 670,00	
29/12	Versement d'espèces	8 970,00	
30/12	CH n° 5329 : fournisseur Valier		4 880,60
	Solde au 31 décembre		41 923,35
		72 964,35	72 964,35

- *Présenter l'état de rapprochement à fin décembre.*
- *Comptabiliser les écritures nécessaires.*

CORRIGÉ

1 – L'état de rapprochement au 31 décembre N

Compte envoyé par la banque

		Débit	Crédit
	Solde		36 297,95
09/12	CH n° 5326	2 622,00	
15/12	Versement d'espèces		8 970,00
18/12	CH n° 5328	548,00	
26/12	Remise de chèques		12 670,00
30/12	CH n° 5329	4 880,60	
		8 050,60	57 937,95
	Solde	**49 887,35**	

Compte « 512 Banques » au grand-livre

		Débit	Crédit
	Solde	41 923,35	
13/12	Prélèvement EDF		3 165,00
15/12	Frais de tenue de compte[1]		25,00
18/12	Impayé Murat + Frais[2]		1 017,00
26/12	Virement client Leduc	12 370,00	
28/12	Encaissement d'effets[3]	4 628,00	
30/12	Domiciliation d'effets		4 827,00
		58 921,35	9 034,00
	Solde		**49 887,35**

(1) Montant hors taxes : 25 / 1,196 = 20,90 €
TVA : 20,90 x 19,60 % = 4,10 €

(2) 982,00 + 35,00 = 1 017,00 €

(3) Montant brut : 4 628,00 + 41,51 = 4 669,51 €
Montant hors taxes des frais : 41,51 / 1,196 = 34,71 €
TVA : 34,71 x 19,60 % = 6,80 €

2 – Les écritures correspondantes

	31/12		
512	Banques	16 998,00	
627	Services bancaires et assimilés	34,71	
44566	TVA sur autres biens et services*	6,80	
411	Clients		12 370,00
5113	Effets à l'encaissement[1]		4 669,51
	*Selon état de rapprochement ; * (41,51 / 1,196)*		
	d°		
6061	Fournitures non stockables	3 165,00	
627	Services bancaires et assimilés	20,90	
44566	TVA sur autres biens et services*	4,10	
411	Clients	1 017,00	
403	Fournisseurs – Effets à payer	4 827,00	
512	Banques		9 034,00
	*Selon état de rapprochement ; * (25,00 / 1,196)*		

(1) ou « 413 Clients – Effets à recevoir ».

THÈME 15

La régularisation des stocks et leurs dépréciations

EXERCICE 43 Écritures d'inventaire relatives aux stocks

Les stocks initiaux et finaux de la société Cap'Caval sont fournis dans le tableau ci-dessous ainsi que les dépréciations correspondantes :

Nature	28 février N – 1		28 février N	
	Stock	Dépréciation	Stock	Dépréciation
Emballages perdus	31 000,00	3 000,00	38 000,00	2 500,00
Emballages récupérables non identifiables	13 000,00	600,00	32 000,00	1 300,00
Produits finis	67 500,00	3 100,00	83 000,00	4 100,00

Aucune écriture concernant les comptes de stocks et les dépréciations correspondantes n'a été enregistrée durant l'exercice.

- *Procéder aux écritures de régularisation.*

CORRIGÉ

	28/2		
6032	Variation des stocks des autres approvisionnements	44 000,00	
3261	Emballages perdus		31 000,00
3265	Emballages récupérables non identifiables		13 000,00
	Annulation des stocks initiaux d'emballages (31 000 + 13 000)		

	28/2		
3261	Emballages perdus	38 000,00	
3265	Emballages récupérables non identifiables	32 000,00	
6032	Variation des stocks des autres approvisionnements		70 000,00
	Constatation des stocks finaux d'emballages (38 000 + 32 000)		
	28/2		
7135	Variation des stocks de produits	67 500,00	
355	Produits finis		67 500,00
	Annulation du stock initial de produits		
	28/2		
355	Produits finis	83 000,00	
7135	Variation des stocks de produits		83 000,00
	Constatation du stock final de produits		
	28/2		
392	Dépréciation des autres approvisionnements	3 600,00	
395	Dépréciation des stocks de produits	3 100,00	
7817	Reprises sur dépréciations des actifs circulants		6 700,00
	Annulation des anciennes dépréciations sur stocks (3 000 + 600 + 3 100)		
	28/2		
6817	Dotations aux dépréciations des actifs circulants	7 900,00	
392	Dépréciation des autres approvisionnements		3 800,00
395	Dépréciation des stocks de produits		4 100,00
	Constitution des nouvelles dépréciations sur stocks (2 500 + 1 300 + 4 100)		

EXERCICE 44 Écritures d'inventaire relatives aux stocks et calcul des variations de stocks

On extrait de la balance avant inventaire de la société Lahitte, au 31 décembre N, les soldes des comptes suivants :

	Soldes débiteurs	Soldes créditeurs
310 Matières premières	*90 000,00*	
320 Autres approvisionnements	*15 000,00*	

	Soldes débiteurs	Soldes créditeurs
350 Stock de produits	*148 000,00*	
370 Stock de marchandises	*38 000,00*	
391 Dépréciation des matières premières		*2 000,00*
392 Dépréciation des autres approvisionnements		*700,00*
395 Dépréciation des stocks de produits		*1 500,00*

Suite aux travaux d'inventaire, les renseignements ci-dessous vous sont fournis :

État des stocks au 31 décembre N		
Nature des stocks	**Valeur comptable au 31 décembre N**	**Valeur actuelle**
310 Matières premières (et fournitures)	*110 000,00*	*105 000,00*
320 Autres approvisionnements	*11 000,00*	*11 000,00*
350 Stock de produits	*153 000,00*	*150 000,00*
*370 Stock de marchandises**	*35 000,00*	*31 000,00*

** Les escomptes relatifs aux achats entrant dans l'évaluation du stock final s'élèvent à 525,00 €.*

- *Enregistrer les écritures nécessaires.*
- *Calculer les variations de stocks en indiquant pour chacune le signe (+) ou (–) qui figurera dans le compte de résultat.*

CORRIGÉ

1 – La valeur du stock final de marchandises net d'escompte

Stock final avant déduction des escomptes	–	Escomptes de règlement comptabilisés en produits financiers	=	**Stock final net d'escompte**
35 000,00	–	525,00	=	**34 475,00**

2 – Les écritures

	31/12		
6031	Variation des stocks de matières premières (et fournitures)	90 000,00	
6032	Variation des stocks des autres approvisionnements	15 000,00	
6037`	Variation des stocks de marchandises	38 000,00	
7135	Variation des stocks de produits	148 000,00	
310	Matières premières (et fournitures)		90 000,00
320	Autres approvisionnements		15 000,00
370	Stocks de marchandises		38 000,00
350	Produits finis		148 000,00
	Annulation des stocks initiaux		
	d°		
310	Matières premières (et fournitures)	110 000,00	
320	Autres approvisionnements	11 000,00	
370	Stocks de marchandises	34 475,00	
350	Produits finis	153 000,00	
6031	Variation des stocks de matières premières (et fournitures)		110 000,00
6032	Variation des stocks des autres approvisionnements		11 000,00
6037	Variation des stocks de marchandises		34 475,00
7135	Variation des stocks de produits		153 000,00
	Constatation des stocks finaux		
	d°		
391	Dépréciation des matières premières	2 000,00	
392	Dépréciation des autres approvisionnements	700,00	
395	Dépréciation des stocks de produits	1 500,00	
7817	Reprises sur dépréciations des actifs circulants		4 200,00
	Annulation des anciennes dépréciations sur stocks		
	d°		
6817	Dotations aux dépréciations des actifs circulants	11 475,00	
391	Dépréciation des matières premières[1]		5 000,00
395	Dépréciation des stocks de produits[2]		3 000,00
397	Dépréciation des stocks de marchandises[3]		3 475,00
	Constitution des nouvelles dépréciations sur stocks		

(1) 110 000,00 – 105 000,00 = 5 000,00 €

(2) 153 000,00 – 150 000,00 = 3 000,00 €

(3) 34 475,00 – 31 000,00 = 3 475,00 €

3 – Le signe de la variation des stocks

Nature des stocks	Stocks initiaux	Stocks finals	Variation	Observations
Matières premières (et fournitures)	90 000,00	110 000,00	– 20 000,00	Diminution des charges
Autres approvisionnements	15 000,00	11 000,00	+ 4 000,00	Augmentation des charges
Stock de marchandises	38 000,00	34 475,00	+ 3 525,00	Augmentation des charges
Stock de produits	148 000,00	153 000,00	+ 5 000,00	Augmentation des produits

La variation des stocks relative aux achats (matières premières, autres approvisionnements, marchandises) se calcule par différence entre :

Stock initial – Stock final

La variation des stocks relative aux produits se calcule par différence entre :

Stock final – Stock initial

THÈME 16

Les ajustements des comptes de charges et de produits

EXERCICE 45 Ajustements de charges

À la clôture de l'exercice, en date du 31 décembre N, la société Méhat constate les faits suivants :

- *parmi les fournitures achetées au cours de l'exercice et non stockées, il reste 78,00 € hors taxes de fournitures d'entretien et 145,00 € hors taxes de fournitures de bureau, TVA au taux normal ;*
- *les droits aux congés payés du personnel s'élèvent à 6 750,00 €. Les charges sociales patronales correspondantes sont de 3 037,00 € ;*
- *depuis le dernier relevé effectué le 10 octobre N, la consommation d'électricité est estimée à 826,00 € hors taxes, TVA au taux normal ;*
- *le renouvellement de l'abonnement annuel à une revue professionnelle a été réglé le 1er juin N pour 216,00 € hors taxes, TVA au taux normal ;*
- *un fournisseur a livré des marchandises le 20 décembre N pour 4 200,00 € hors taxes, TVA 19,60 % mais la facture ne sera délivrée qu'en janvier N + 1.*

■ *Comptabiliser les opérations nécessaires au 31 décembre N.*

CORRIGÉ

	31/12		
486	Charges constatées d'avance	223,00	
6063	Fournitures d'entretien et de petit équipement		78,00
6064	Fournitures administratives		145,00
	Fournitures non utilisées		
	d°		
641	Rémunérations du personnel	6 750,00	
645	Charges de sécurité sociale et de prévoyance	3 037,00	
4282	Dettes provisionnées pour congés à payer		6 750,00
4382	Charges sociales à payer		3 037,00
	Droits aux congés payés acquis		
	d°		
6061	Fournitures non stockables (eau, énergie…)	826,00	
44586	TCA sur factures non parvenues	161,90	
408	Fournisseurs – Factures non parvenues		987,90
	Évaluation de la consommation d'électricité		
	d°		
486	Charges constatées d'avance	90,00	
6183	Documentation technique		90,00
	Abonnement en cours : (216,00 x 5/12)		
	d°		
607	Achats de marchandises	4 200,00	
44586	TCA sur factures non parvenues	823,20	
408	Fournisseurs – Factures non parvenues		5 023,20
	Marchandises en stock : factures à recevoir		

EXERCICE 46 Ajustements de produits

La société Larnicol vous communique les renseignements suivants au 31 décembre N :

- *une facture d'un montant toutes taxes comprises de 3 898,96 € (TVA 19,60 %), relative à une vente de produits, a été adressée à un client. À la suite d'un retard dans le processus de fabrication, les produits ne seront livrés qu'en janvier ;*
- *les ristournes à recevoir des fournisseurs, concernant les opérations réalisées en « N », s'élèvent à 1 740,00 € hors taxes, TVA 19,60 % ;*
- *des marchandises ont été livrées le 27 décembre à un client pour un montant hors taxes de 4 000,00 €, TVA 19,60 %, alors que la facture ne sera établie qu'en janvier ;*
- *un prêt de 5 000,00 € a été accordé à un salarié le 1er avril N. Les intérêts au taux annuel de 4,50 % sont payables annuellement à terme échu.*

■ *Enregistrer les écritures de régularisation nécessaires au 31 décembre N.*

CORRIGÉ

	31/12		
701	Ventes de produits finis	3 260,00	
487	Produits constatés d'avance		3 260,00
	Facture établie, produits en stock : 3 898,96 / 1,196		
	d°		
4098	Rabais, remises, ristournes à obtenir et autres avoirs non encore reçus	2 081,04	
609	Rabais, remises et ristournes obtenus sur achats		1 740,00
44586	TCA sur factures non parvenues		341,04
	Ristournes à recevoir		
	d°		
418	Clients – Produits non encore facturés	4 784,00	
707	Ventes de marchandises		4 000,00
44587	TCA sur factures à établir		784,00
	Facture à établir		
	d°		
27684	Intérêts courus sur prêts	168,75	
7626	Revenus des prêts		168,75
	(5 000,00 x 4,50 %) 9 / 12		

EXERCICE 47 Régularisation de charges et de produits

La société Quélo a constaté les faits suivants à l'inventaire en date du 31 décembre N :

- *l'entreprise a payé le 1er octobre N la prime annuelle d'assurance des véhicules à moteur : 860,00 € ;*
- *le locataire de l'entrepôt a versé le 1er décembre N les trois mois de loyer d'avance : 1 800,00 € ;*
- *une ristourne de 260,00 € hors taxes, TVA au taux normal, doit être accordée au client Leberre. La facture d'avoir n'est pas encore établie ;*
- *un emprunt bancaire de 15 000,00 € a été contracté le 1er mars N, au taux annuel de 4,75 %. La première échéance sera prélevée le 1er mars N + 1.*

■ *Comptabiliser les opérations correspondantes au 31 décembre N.*

CORRIGÉ

	31/12		
486	Charges constatées d'avance	645,00	
616	Primes d'assurance		645,00
	860,00 x 9 / 12		
	d°		
7083	Locations diverses	1 200,00	
487	Produits constatés d'avance		1 200,00
	Location perçue d'avance : 1 800,00 x 2 / 3		
	d°		
709	Rabais, remises et ristournes accordés par l'entreprise	260,00	
44587	TCA sur factures à établir	50,96	
4198	Rabais, remises, ristournes à accorder et autres avoirs à établir		310,96
	Ristourne à accorder		
	d°		
661	Charges d'intérêts	593,75	
1688	Intérêts courus		593,75
	(15 000,00 x 4,75 %) 10 / 12		

Exercice 48 Charges à répartir sur plusieurs exercices

L'entreprise Legars décide d'étaler sur trois ans les frais d'émission d'un emprunt pour un montant de 8 100,00 €.

- *Comptabiliser les opérations d'inventaire nécessaires au 31 décembre N.*
- *Présenter l'extrait de bilan au 31 décembre N.*

Corrigé

1 – Les opérations d'inventaire au 31 décembre N

	31/12		
4816 791	Frais d'émission des emprunts Transferts de charges d'exploitation *Frais d'émission de l'emprunt*	8 100,00	 8 100,00
	d°		
6812 4816	Dotations aux amortissements des charges d'exploitation à répartir Frais d'émission des emprunts *8 100,00 / 3*	2 700,00	 2 700,00

2 – La présentation de l'extrait de bilan au 31 décembre N

Le solde débiteur du compte « 4816 Frais d'émission des emprunts », soit 5 400,00 € est porté à l'actif au poste « Charges à répartir sur plusieurs exercices ».

Il représente la quote-part des frais d'émission de l'emprunt à amortir (8 100,00 – 2 700,00).

ACTIF	Exercice N			Exercice N – 1
	Brut	Amortissements et dépréciations (à déduire)	Net	Net
Charges à répartir sur plusieurs exercices **(III)**............	5 400		5 400	–

THÈME 17

Les amortissements des immobilisations

EXERCICE 49 Plan d'amortissement linéaire

L'entreprise Vlérick a acquis du matériel de bureau pour 20 000,00 € hors taxes le 10 novembre N, mis en service le 15 du même mois. La durée d'utilisation est de cinq ans.

L'entreprise pratique le mode d'amortissement linéaire et sa date d'inventaire est le 31 décembre.

- *Établir le plan d'amortissement.*
- *Présenter les extraits de bilan au 31 décembre N et au 31 décembre N + 5.*

CORRIGÉ

1 – Le plan d'amortissement

Le taux est de 20 % (100/5).

Le point de départ de l'amortissement est le 15 novembre N, date de la mise en service.

La première annuité est de 45 jours (du 15 novembre N au 31 décembre N), soit :

$$\frac{20\,000{,}00 \times 20\ \% \times 45}{360} = 500{,}00\ €$$

L'annuité constante est de 4 000,00 € : (20 000,00 x 20 %).

La dernière annuité est de 315 jours (du 1er janvier N + 5 au 15 novembre N + 5), soit :

$$\frac{20\,000,00 \times 20\,\% \times 315}{360} = 3\,500,00\text{ €}$$

Le plan d'amortissement se présente comme suit :

Matériel de bureau				
Date	**Base à amortir**	**Annuités**	**Amortissements cumulés**	**Valeur nette comptable**
N	20 000,00	500,00	500,00	19 500,00
N + 1	20 000,00	4 000,00	4 500,00	15 500,00
N + 2	20 000,00	4 000,00	8 500,00	11 500,00
N + 3	20 000,00	4 000,00	12 500,00	7 500,00
N + 4	20 000,00	4 000,00	16 500,00	3 500,00
N + 5	20 000,00	3 500,00	20 000,00	0

2 – Les extraits de bilan

a) Extrait du bilan au 31 décembre N

ACTIF	**Exercice N**			**Exercice N – 1**
	Brut	**Amortissements et dépréciations (à déduire)**	**Net**	**Net**
ACTIF IMMOBILISÉ ***(a)*** : Immobilisations corporelles : Autres	20 000	500	19 500	–

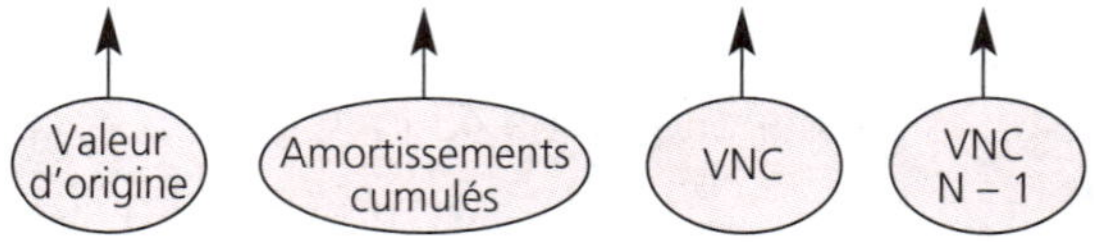

b) Extrait du bilan au 31 décembre N + 5

Le matériel est totalement amorti mais il doit toujours figurer au bilan tant que l'entreprise le conserve dans son patrimoine.

Le tableau se présente comme suit :

ACTIF	**Exercice N**			**Exercice N – 1**
	Brut	**Amortissements et dépréciations (à déduire)**	**Net**	**Net**
ACTIF IMMOBILISÉ ***(a)*** : Immobilisations corporelles : Autres	20 000	20 000	0	3 500

Valeur d'origine — Amortissements cumulés — VNC N + 5 — VNC N + 4

EXERCICE 50 Plans d'amortissement comptable et fiscal

L'entreprise Credou a acquis le 26 avril N une machine-outil mise en service le 2 mai. Son prix d'achat est de 28 500,00 € hors taxes. L'entreprise a bénéficié, à titre exceptionnel, d'une remise de 5 % ; d'autre part, elle a supporté des frais de montage pour 2 135,00 € hors taxes, TVA 19,60 %. L'entreprise clôture son exercice le 31 décembre.

Du point de vue comptable, la durée d'utilisation de la machine est de dix ans ; cette dernière est amortie selon le mode linéaire. Fiscalement, la machine-outil bénéficie du mode dégressif avec un cœfficient majoré de 0,5 point conformément au plan de relance de l'économie ; sa durée fiscale est de huit ans.

■ *Déterminer la valeur d'origine de la machine.*

■ *Présenter le plan d'amortissement selon deux hypothèses :*

- *première hypothèse : l'entreprise bénéficie de la mesure de simplification, réservée aux PME, relative aux immobilisations non décomposables ;*
- *deuxième hypothèse : l'entreprise ne peut bénéficier de cette mesure. Cependant, elle souhaite obtenir la déductibilité fiscale maximum.*

CORRIGÉ

1 – La détermination de la valeur d'origine

La valeur d'origine est égale au coût d'acquisition qui comprend le prix d'achat net hors taxes, majoré des frais nécessaires à l'utilisation du bien, soit :

$$(28\ 500,00 \times 95\ \%) + 2\ 135,00 = 29\ 210,00\ €$$

2 – Le plan d'amortissement d'après la première hypothèse

La mesure de simplification permet aux PME de pratiquer dans les comptes individuels l'amortissement des immobilisations non décomposables d'après le mode dégressif fiscal et sur leur durée d'usage fiscale afin d'éviter la comptabilisation d'amortissements dérogatoires tout en bénéficiant du maximum de déductibilité fiscale.

Le taux dégressif est de 12,5 % x 2,75 = 34,38 %.

Le point de départ de l'amortissement est le 1er avril N, premier jour du mois d'acquisition.

La première annuité est de 9 mois (du 1er avril N au 31 décembre N), soit :

$$\frac{29\ 210,00 \times 34,38\ \% \times 9}{12} = 7\ 531,80\ €$$

À partir de la 7e annuité, l'annuité est constante puisque le taux dégressif devient inférieur au taux linéaire calculé sur le nombre d'années à courir (100/2 = 50 %). Les deux dernières annuités sont donc constantes.

Le plan d'amortissement se présente comme suit :

Machine-outil				
Date	**Base à amortir**	**Annuités**	**Amortissements cumulés**	**Valeur nette comptable**
N	29 210,00	7 531,80	7 531,80	21 678,20
N + 1	21 678,20	7 452,97	14 984,77	14 225,23
N + 2	14 225,23	4 890,63	19 875,40	9 334,60
N + 3	9 334,60	3 209,24	23 084,64	6 125,36
N + 4	6 125,36	2 105,90	25 190,54	4 019,46
N + 5	4 019,46	1 381,89	26 572,43	2 637,57
N + 6	2 637,57	1 318,79	27 891,22	1 318,78
N + 7	1 318,78	1 318,78	29 210,00	0

3 – Le plan d'amortissement d'après la deuxième hypothèse

Lorsque l'entreprise est hors champ de la mesure de simplification pour les PME et qu'elle désire bénéficier du maximum de déductibilité fiscale, elle doit utiliser un amortissement dérogatoire pour compléter l'amortissement comptable inférieur à l'amortissement fiscalement déductible.

Le taux d'amortissement comptable est de 10 % (100 / 10).

La première annuité comptable est de 8 mois (du 2 mai N au 31 décembre N) et s'élève à :

$$\frac{29\ 210{,}00 \times 10\ \% \times 8}{12} = 1\ 947{,}33\ €$$

L'annuité complète est de 2 921,00 € (29 210,00 / 10).

Le plan d'amortissement se présente comme suit :

Année	Amortissement fiscal		Amortissement comptable		Amortissement dérogatoire	
	Annuité	Cumulé	Annuité	Cumulé	+	–
N	7 531,80	7 531,80	1 947,33	1 947,33	5 584,47	
N + 1	7 452,97	14 984,77	2 921,00	4 868,33	4 531,97	
N + 2	4 890,63	19 875,40	2 921,00	7 789,33	1 969,63	
N + 3	3 209,24	23 084,64	2 921,00	10 710,33	288,24	
N + 4	2 105,90	25 190,54	2 921,00	13 631,33		815,10
N + 5	1 381,89	26 572,43	2 921,00	16 552,33		1 539,11
N + 6	1 318,79	27 891,22	2 921,00	19 473,33		1 602,21
N + 7	1 318,78	29 210,00	2 921,00	22 394,33		1 602,22
N + 8			2 921,00	25 315,33		2 921,00
N + 9			2 921,00	28 236,33		2 921,00
N + 10			973,67	29 210,00		973,67
					12 374,31	12 374,31

EXERCICE 51 Calculs relatifs aux amortissements

Le comptable de la société Guellec vous remet un tableau récapitulatif des biens amortissables de l'entreprise. Cette dernière bénéficie de la mesure de simplification réservée aux PME.

Les éléments fournis sont extraits de la balance avant inventaire au 31 décembre N.

Nature du bien	Date d'acquisition	Taux d'amortissement		Valeur d'origine hors taxes	Amorts cumulés avant inventaire	VNC avant inventaire
		L	D			
Construction	1er avril N – 7	?		305 000,00	102 937,50	202 062,50
Mobilier 1	1er avril N – 7	10 %		?	5 400,00	?
Mobilier 2	?	10 %		3 800,00	950,00	2 850,00
Machine-outil	28 sept N – 2		31,25 %	?	?	7 390,62

■ *Calculer les éléments manquants du tableau.*

CORRIGÉ

1 – Le taux d'amortisssement de la construction

La durée d'amortissement s'étend du 1er avril N – 7 au 31 décembre N – 1, soit 6 ans et 9 mois donc : 6,75 ans.

Le taux d'amortissement linéaire peut se déterminer à partir de l'égalité suivante :

Amortissements cumulés = Valeur d'origine x Taux x Durée d'amortissement

Soit : $$102\ 937{,}50 = \frac{305\ 000{,}00 \times \mathbf{T} \times 6{,}75}{100}$$

D'où : **T** = 5 %

2 – La valeur d'origine et la valeur nette comptable du mobilier 1

La durée d'amortissement s'étend du 1er avril N – 7 au 31 décembre N – 1, soit 6 ans et 9 mois donc : 6,75 ans.

La valeur d'origine peut se déterminer à partir de l'égalité suivante :

Amortissements cumulés = Valeur d'origine x Taux x Durée d'amortissement

Soit : $$5\,400{,}00 = \frac{\mathbf{V} \times 10 \times 6{,}75}{100}$$

D'où : **V** = 8 000,00 €

La valeur nette comptable est égale à la différence entre la valeur d'origine et les amortissements cumulés :

8 000,00 – 5 400,00 = 2 600,00 €

3 – La date d'acquisition du mobilier 2

L'annuité d'amortissement est égale à :

Valeur d'origine x Taux

Soit : 3 800,00 x 10 % = 380,00 €

La durée d'amortissement est égale à :

$$\frac{\text{Amortissements cumulés}}{\text{Annuité}}$$

Soit : $$\frac{950{,}00}{380{,}00} = 2{,}5 \text{ ans}$$

D'où une date d'acquisition : 1er juillet N – 3

4 – La valeur d'origine et les amortissements cumulés de la machine-outil

Soit **V** la valeur d'origine de la machine-outil :

Date	Base à amortir	Taux	Annuités	Amortissements cumulés	Valeur nette comptable
N – 2	**V**	31,25 %	**V** x 31,25 % x 4/12 = 0,104167 **V**	0,104167 **V**	0,895833 **V**
N – 1	0,895833 **V**	31,25 %	0,279948 **V**	0,384115 **V**	0,615885 **V**

0,615885 **V** = 7 390,62

D'où : $\mathbf{V} = \dfrac{7\ 390{,}62}{0{,}615885} = 12\ 000$ €

Les amortissements cumulés sont égaux à la différence entre la valeur d'origine et la valeur nette comptable, soit :

12 000,00 – 7 390,62 = 4 609,38 €

ou d'après le tableau à :

12 000,00 x 0,384115 = 4 609,38 €

EXERCICE 52 Comptabilisation de l'amortissement

Le comptable de la société Crédou vous remet le plan d'amortissement de la machine-outil.

Voir tableau page ci-contre.

- *Comptabiliser les opérations d'inventaire pour les exercices « N » et « N + 8 ».*
- *Présenter les extraits de la balance par soldes après inventaire au 31 décembre N et au 31 décembre N + 8.*

Année	Amortissement fiscal		Amortissement comptable		Amortissement dérogatoire	
	Annuité	Cumulé	Annuité	Cumulé	+	–
N	2 437,17	2 437,17	1 947,33	1 947,33	489,84	
N + 1	3 651,25	6 088,42	2 921,00	4 868,33	730,25	
N + 2	3 651,25	9 739,67	2 921,00	7 789,33	730,25	
N + 3	3 651,25	13 390,92	2 921,00	10 710,33	730,25	
N + 4	3 651,25	17 042,17	2 921,00	13 631,33	730,25	
N + 5	3 651,25	20 693,42	2 921,00	16 552,33	730,25	
N + 6	3 651,25	24 344,67	2 921,00	19 473,33	730,25	
N + 7	3 651,25	27 995,92	2 921,00	22 394,33	730,25	
N + 8	1 214,08	29 210,00	2 921,00	25 315,33		1 706,92
N + 9			2 921,00	28 236,33		2 921,00
N + 10			973,67	29 210,00		973,67
					5 601,59	5 601,59

CORRIGÉ

1 – La comptabilisation des opérations d'inventaire

a) Écriture au 31 décembre N

L'amortissement fiscal est supérieur à l'amortissement comptable ; en conséquence complément d'amortissement fait l'objet d'un amortissement dérogatoire.

	31/12/N		
6811	Dotations aux amortissements des immobilisations incorporelles et corporelles	1 947,33	
6872	Dotations aux provisions réglementées	489,84	
2815	Amortissements des installations techniques, matériel et outillage industriels		
145	Amortissements dérogatoires		
	Annuités d'après plan d'amortissement		

b) Écriture au 31 décembre N + 8

L'amortissement fiscal devient inférieur à l'amortissement comptable ; en conséquence, l'amortissement dérogatoire doit être réintégré au résultat.

	31/12/N + 8		
6811	Dotations aux amortissements des immobilisations incorporelles et corporelles	2 921,00	
145	Amortissements dérogatoires	1 706,92	
2815	Amortissements des installations techniques, matériel et outillage industriels		2 921,00
7872	Reprises sur provisions réglementées		1 706,92
	Annuité et reprise d'après plan d'amortissement		

2 – Les extraits des soldes des balances après inventaire

a) Extrait de la balance au 31 décembre N

Numéro	Intitulés	Solde débiteur	Solde créditeur
145	Amortissements dérogatoires		489,84
215	Installations techniques, matériel et outillage industriels	29 210,00	
2815	Amortissements des installations techniques, matériel et outillage industriels		1 947,33
6811	Dotations aux amortissements des immobilisations incorporelles et corporelles	1 947,33	
6872	Dotations aux provisions réglementées	489,84	

b) Extrait de la balance au 31 décembre N + 8

Numéro	Intitulés	Solde débiteur	Solde créditeur
145	Amortissements dérogatoires[1]		3 894,67
215	Installations techniques, matériel et outillage industriels	29 210,00	
2815	Amortissements des installations techniques, matériel et outillage industriels		25 315,33
811	Dotations aux amortissements des immobilisations incorporelles et corporelles	2 921,00	
872	Reprises sur provisions réglementées		3 894,67

5 601,59 – 1 706,92 = 3 894,67

EXERCICE 53 Base amortissable et valeur résiduelle

Un ordinateur, mis en service le 1er septembre N, d'une valeur de 2 800,00 € hors taxes est amorti en mode linéaire.

La société Jar a pour principe de céder ses ordinateurs au bout de deux ans à 30 % de leur coût d'acquisition. Les coûts de sortie sont estimés forfaitairement à 40,00 €.

La date d'inventaire est le 31 décembre N.

- *Calculer la base amortissable comptable.*
- *Calculer les annuités « N », « N + 1 » et « N + 2 ».*
- *Existe-t-il une divergence avec les règles fiscales ?*

CORRIGÉ

1 – La base amortissable

La base amortissable est égale à la valeur d'origine déduction faite de la valeur résiduelle.

La valeur résiduelle s'obtient par différence entre le prix de cession et les coûts de sortie, soit :

(2 800,00 x 30 %) – 40 = 800,00 €

La base amortissable est de :

2 800,00 – 800,00 = 2 000,00 €

2 – Les annuités

Annuité constante : 2 000,00 / 2 = 1 000,00 €

Première annuité : 1 000,00 x 4 / 12 = 333,33 €

Dernière annuité : 2 000,00 – 1 666,67 = 666,67 €

Date	Base à amortir	Annuité
N	2 000,00	333,33
N + 1	2 000,00	1 000,00
N + 2	2 000,00	666,67

3 – La divergence avec les règles fiscales

Du point de vue fiscal, la base amortissable doit correspondre au coût de revient de l'immobilisation, c'est-à-dire à sa valeur d'origine. En conséquence, l'entreprise peut constater un amortissement dérogatoire correspondant à l'amortissement de la valeur résiduelle pour bénéficier de la déductibilité fiscale maximale.

EXERCICE 54 Amortissement par composants

La société Loc'Armor, entreprise de location de bateaux de plaisance, fait l'acquisition d'un bateau pour une valeur globale de 42 000,00 € hors taxes, mis en service le 15 mai N.

Le bateau fait l'objet de la ventilation suivante :

– bateau nu (structure) : 29 400,00 € hors taxes ; durée d'utilisation cinq ans ;

– sellerie (composant) : 12 600,00 € hors taxes ; durée d'utilisation trois ans.

En raison de son utilisation intensive, la sellerie sera renouvelée tous les trois ans.

Le 15 mai N + 3, la sellerie est remplacée pour un coût de 15 120,00 € hors taxes.

L'entreprise adopte le mode linéaire.

- *Établir les plans d'amortissement du bateau nu et des deux selleries, sachant que la date de clôture de l'exercice est le 31 décembre.*
- *Indiquer le montant de l'amortissement relatif au bateau à porter au compte de résultat « N + 3 ».*

CORRIGÉ

1 – Le plan d'amortissement

a) Le bateau nu

Le taux d'amortissement est de 20 % (100 / 5).

La première annuité est de 7,5 mois (du 15 mai au 31 décembre), soit :

29 400,00 x 20 % x (7,5 / 12) = 3 675,00 €

L'annuité constante est de :

29 400,00 x 20 % = 5 880,00 €

Le plan d'amortissement de la structure se présente comme suit :

Date	Base à amortir	Annuités	Amortissements cumulés	Valeur nette comptable
N	29 400,00	3 675,00	3 675,00	25 725,00
N + 1	29 400,00	5 880,00	9 555,00	19 845,00
N + 2	29 400,00	5 880,00	15 435,00	13 965,00
N + 3	29 400,00	5 880,00	21 315,00	8 085,00
N + 4	29 400,00	5 880,00	27 195,00	2 205,00
N + 5	29 400,00	2 205,00	29 400,00	0,00

b) La première sellerie

Le taux linéaire est de 33,33 % (100 / 3).

La première annuité est de 7,5 mois (du 15 mai au 31 décembre), soit :

12 600,00 x 33,33 % x (7,5 / 12) = 2 625,00 €

L'annuité constante est de :

12 600,00 x 33,33 % = 4 200,00 €

Le plan d'amortissement du composant est le suivant :

Date	Base à amortir	Annuités	Amortissements cumulés	Valeur nette comptable
N	12 600,00	2 625,00	2 625,00	9 975,00
N + 1	12 600,00	4 200,00	6 825,00	5 775,00
N + 2	12 600,00	4 200,00	11 025,00	1 575,00
N + 3	12 600,00	1 575,00	12 600,00	0,00

c) La deuxième sellerie

Le taux linéaire est de 33,33 %.

Le *prorata temporis* de la première annuité est le même que celui de la première sellerie, soit :

15 120,00 x 33,33 % x (7,5 / 12) = 3 150,00 €

L'annuité constante est de :

15 120,00 x 33,33 % = 5 040,00 €

Le plan d'amortissement est le suivant :

Date	Base à amortir	Annuités	Amortissements cumulés	Valeur nette comptable
N + 3	15 120,00	3 150,00	3 150,00	11 970,00
N + 4	15 120,00	5 040,00	8 190,00	6 930,00
N + 5	15 120,00	5 040,00	13 230,00	1 890,00
N + 6	15 120,00	1 890,00	15 120,00	0,00

2 – Le montant de l'amortissement à porter au compte de résultat

	Annuité « N + 3 » du bateau nu	5 880,00
+	Annuité « N + 3 » de la première sellerie	1 575,00
+	Annuité « N + 3 » de la deuxième sellerie	3 150,00
=		10 605,00

Le montant porté au débit du compte « 6811 Dotations aux amortissements des immobilisations incorporelles et corporelles » au 31 décembre N + 3 s'élève à 10 605,00 €.

Ce montant doit figurer au compte de résultat, en charges d'exploitation, dans le poste :

Charges (hors taxes)	Exercice N	Exercice N – 1
Dotations aux amortissements et dépréciations :		
Sur immobilisations : dotations aux amortissements ***(c)***	10 605	10 080

Le montant porté dans la colonne : « Exercice N – 1 » correspond au calcul suivant :

	Annuité « N + 2 » du bateau nu	5 880,00
+	Annuité « N + 2 » de la première sellerie	4 200,00
=		10 080,00

EXERCICE 55 Amortissement d'un composant faisant l'objet d'un renouvellement

Une machine-outil dont le coût d'acquisition est de 54 000,00 € hors taxes est amortie en mode linéaire sur une durée de six ans. Elle a été mise en service le 1er janvier N.

Une pièce d'une valeur de 15 000,00 € a été identifiée comme composant ; sa durée d'utilisation est de quatre ans. Fin « N + 1 », la pièce est remplacée pour un montant de 16 000,00 €. Elle est amortie sur la durée résiduelle de la structure.

La date de clôture de l'exercice est le 31 décembre N.

- *Présenter les plans d'amortissement de la structure et du composant.*
- *Enregistrer les écritures de remplacement du composant.*

CORRIGÉ

1 – Le plan d'amortissement de la structure

Base amortissable :

Valeur d'origine de l'ensemble de l'immobilisation – Valeur d'origine du composant

soit :

54 000,00 – 15 000,00 = 39 000,00 €

Annuité constante :

39 000,00 / 6 = 6 500,00 €

Le plan d'amortissement se présente comme suit :

Date	Base à amortir	Annuités	Amortissements cumulés	Valeur nette comptable
N	39 000,00	6 500,00	6 500,00	32 500,00
N + 1	39 000,00	6 500,00	13 000,00	26 000,00
N + 2	39 000,00	6 500,00	19 500,00	19 500,00
N + 3	39 000,00	6 500,00	26 000,00	13 000,00
N + 4	39 000,00	6 500,00	32 500,00	6 500,00
N + 5	39 000,00	6 500,00	39 000,00	0,00

2 – Le plan d'amortissement du composant après son renouvellement

Annuité constante pour « N » et « N + 1 »:

15 000,00 / 4 = 3 750,00 €

La durée résiduelle de la structure lors du remplacement du composant est de quatre ans ; donc à partir de « N + 2 » l'annuité constante est de :

16 000,00 / 4 = 4 000,00 €

Le plan d'amortissement se présente comme suit :

Date	Base à amortir	Annuités	Amortissements cumulés	Valeur nette comptable
N	15 000,00	3 750,00	3 750,00	11 250,00
N + 1	15 000,00	3 750,00	7 500,00	7 500,00
N + 2	16 000,00	4 000,00	4 000,00	12 000,00
N + 3	16 000,00	4 000,00	8 000,00	8 000,00
N + 4	16 000,00	4 000,00	12 000,00	4 000,00
N + 5	16 000,00	4 000,00	16 000,00	0,00

3 – Les écritures de remplacement du composant

La valeur nette comptable du composant remplacé doit être comptabilisée en charges.

Le compte d'amortissement est soldé par le compte d'actif.

Le nouveau composant est comptabilisé séparément à l'actif.

Compte	Libellé	Débit	Crédit
	31/12/N + 1		
675	Valeur comptable des éléments d'actif cédés	7 500,00	
2815.1	Amortissements des installations techniques, matériel et outillage industriels – Composant pièce	7 500,00	
215.1	Installations techniques, matériel et outillage industriels – Composant pièce		15 000,00
	Valeur nette comptable du composant remplacé		
	31/12/N + 1		
215.1	Installations techniques, matériel et outillage industriels – Composant pièce	16 000,00	
512	Banques		16 000,00
	FA n°... ; CH n°...		

THÈME 18

Les dépréciations des immobilisations incorporelles et corporelles

EXERCICE 56 Dépréciation d'une immobilisation non amortissable

La société Fleury vous communique les renseignements suivants :

À l'inventaire « N »

Le solde débiteur du compte « 207 Fonds commercial » s'élève à 280 000,00 €.

À la suite de travaux de voierie, l'entreprise a constaté une baisse sensible de son chiffre d'affaires. Le test de dépréciation effectué à la clôture de l'exercice « N » fournit les informations suivantes :

– valeur vénale : 260 000,00 € ;

– valeur d'usage : 248 000,00 €.

À l'inventaire « N + 1 »

La réalisation du nouveau test de dépréciation permet de calculer une valeur actuelle de 272 000,00 €.

- *Enregistrer les opérations d'inventaire au 31 décembre N et N + 1.*
- *Présenter l'extrait de bilan au 31 décembre N + 1.*

CORRIGÉ

1 – La comptabilisation des opérations d'inventaire au 31 décembre N et N + 1

a) Calcul de la dépréciation au 31 décembre N

La valeur comptable doit être comparée à la valeur actuelle, celle-ci étant la plus élevée de la valeur vénale ou de la valeur d'usage, en respectant la démarche suivante :

– la valeur vénale est inférieure à la valeur comptable :

260 000,00 < 280 000,00

il faut donc déterminer la valeur actuelle ;

– la valeur vénale est supérieure à la valeur d'usage :

260 000,00 > 248 000,00

donc la valeur actuelle est égale à la valeur vénale :

valeur actuelle = 260 000,00

– le montant de la dépréciation s'obtient par différence entre la valeur comptable et la valeur actuelle :

280 000,00 – 260 000,00 = 20 000,00 €

b) Comptabilisation de la dépréciation au 31 décembre N

	31/12		
6816	Dotations pour dépréciations des immobilisations incorporelles et corporelles	20 000,00	
2907	Dépréciations du fonds commercial		20 000,00
	D'après test de dépréciation		

c) Calcul de la dépréciation au 31 décembre N + 1

La valeur actuelle (VA) au 31 décembre N + 1 est supérieure à celle du 31 décembre N ; tout en étant inférieure à la valeur comptable (VC) du fonds commercial. En conséquence, il y a lieu d'effectuer un ajustement :

Ajustement	=	Valeur actuelle au 31/12/N	–	Valeur actuelle au 31/12/N + 1
– 12 000,00	=	260 000,00	–	272 000,00

d) Comptabilisation de l'ajustement de la dépréciation

	31/12		
2907 7816	Dépréciations du fonds commercial Reprises sur dépréciations des immobilisations incorporelles et corporelles *D'après test de dépréciation*	12 000,00	12 000,00

2 – L'extrait de bilan au 31 décembre N + 1

a) Montant de la dépréciation au 31 décembre N + 1

280 000,00 – 272 000,00 = 8 000,00

ou

20 000,00 – 12 000,00 = 8 000,00

b) Présentation du bilan au 31 décembre N + 1

ACTIF	Exercice N			Exercice N – 1
	Brut	Amortissements et dépréciations (à déduire)	Net	Net
ACTIF IMMOBILISÉ ***(a)*** : Immobilisations incorporelles : Fonds commercial	280 000	8 000	272 000	260 000

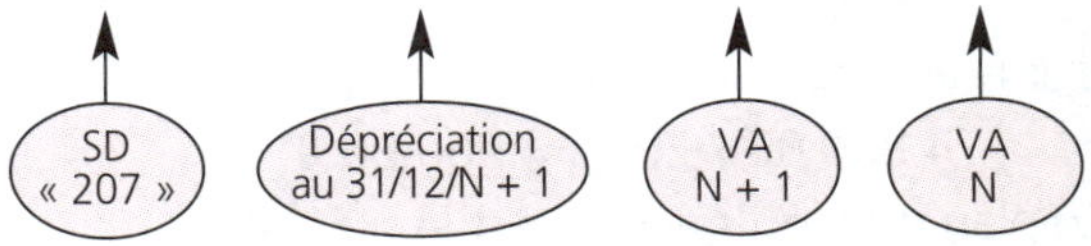

EXERCICE 57 Dépréciation d'une immobilisation amortissable et révision du plan d'amortissement

La société Bihan a mis en service le 1er juillet N un matériel industriel d'une valeur de 4 800,00 € dont la durée d'utilisation prévue est de cinq ans. Le mode d'amortissement le mieux adapté est le mode linéaire.

Fin « N + 1 », le test de dépréciation permet de déterminer une dépréciation fiscalement déductible de 1 000,00 €.

Fin « N + 2 », d'après le nouveau test de dépréciation, la reprise sur dépréciation prévue est de :

– première hypothèse : 600,00 € ;

– deuxième hypothèse : 850,00 €.

Pour les exercices suivants, il n'existe pas de nouvel indice de perte.

- *Présenter le plan d'amortissement initial et les plans d'amortissement révisés selon chaque hypothèse.*
- *Enregistrer les opérations nécessaires au 31 décembre N + 2 en fonction de chaque hypothèse.*

CORRIGÉ

1 – Les plans d'amortissement

a) Plan initial

Le taux linéaire est de 20 %.

La première annuité est de :

4 800,00 x 20 % x (6 / 12) = 480,00 €

L'annuité constante s'élève à :

4 800,00 x 20 % = 960,00 €

Le plan d'amortissement est le suivant :

Date	Base à amortir	Annuités	Amortissements cumulés	Valeur nette comptable
N	4 800,00	480,00	480,00	4 320,00
N + 1	4 800,00	960,00	1 440,00	3 360,00
N + 2	4 800,00	960,00	2 400,00	2 400,00
N + 3	4 800,00	960,00	3 360,00	1 440,00
N + 4	4 800,00	960,00	4 320,00	480,00
N + 5	4 800,00	480,00	4 800,00	0,00

b) Plan révisé d'après la première hypothèse

VNC au 31/12 N + 1 avant la dépréciation		3 360,00
Dépréciation	–	1 000,00
Nouvelle base amortissable	=	2 360,00
Annuité N + 2 : 2 360 / 3,5	–	674,29
VNC au 31/12 N + 2 avant la reprise	=	1 685,71
Reprise	+	600,00
Nouvelle base amortissable*	=	2 285,71
Annuité N + 3 : 2 285,71 / 2,5	–	914,28
VNC au 31/12 N + 3	=	1 371,43

* La nouvelle base amortissable après la reprise est inférieure à la valeur nette comptable au 31/12 N + 2 résultant du plan initial ; par conséquent, le montant global de la reprise peut être pris en compte pour le calcul de la nouvelle base amortissable.

Le plan d'amortissement révisé est le suivant :

Matériel industriel						
Date	Base amortissable	Annuité	Amortissements cumulés	Dépréciation		VNC
				Dotations	Reprises	
N	4 800,00	480,00	480,00			4 320,00
N + 1	4 800,00	960,00	1 440,00	1 000,00		2 360,00
N + 2	2 360,00	674,29	2 114,29		600,00	2 285,71
N + 3	2 285,71	914,28	3 028,57			1 371,43
N + 4	2 285,71	914,28	3 942,85			457,14
N + 5	2 285,71	457,14	4 400,00			0,00

Au 31 décembre N + 5, on constate des amortissements cumulés pour 4 400,00 €, une dépréciation de 400,00 € (1 000,00 – 600,00) et donc une valeur nette comptable nulle.

c) Plan révisé d'après la deuxième hypothèse

Les calculs effectués en amont du 31décembre N + 2 sont identiques à ceux relatifs à la première hypothèse.

VNC au 31/12 N + 2 avant la reprise		1 685,71
Reprise	+	850,00
Valeur actuelle	=	2 535,71

D'après le plan initial, la valeur nette comptable au 31 décembre N + 2, servant de base amortissable pour les exercices ultérieurs, ne doit pas être supérieure à 2 400,00 €. En conséquence, la reprise sera limitée à : 714,29 € (2 400,00 – 1 685,71).

Il reste 2,5 ans à amortir, soit une annuité de : 2 400,00 / 2,5 = 960,00 €

Le plan d'amortissement révisé s'établit ainsi :

Matériel industriel						
Date	Base amortissable	Annuité	Amortissements cumulés	Dépréciation		VNC
				Dotations	Reprises	
N	4 800,00	480,00	480,00			4 320,00
N + 1	4 800,00	960,00	1 440,00	1 000,00		2 360,00
N + 2	2 360,00	674,29	2 114,29		714,29	2 400,00
N + 3	2 400,00	960,00	3 074,29			1 440,00
N + 4	2 400,00	960,00	4 034,29			480,00
N + 5	2 400,00	480,00	4 514,29			0,00

Au 31 décembre N + 5, on constate des amortissements cumulés pour 4 514,29 €, une dépréciation de 285,71 € (1 000,00 – 714,29) et donc une valeur nette comptable nulle.

2 – L'enregistrement comptable au 31 décembre N + 2

a) Première hypothèse

	31/12/N + 2		
6811	Dotations aux amortissements sur immobilisations incorporelles et corporelles	674,29	
2815	Amortissements des installations, matériel et outillage industriels		674,29
	Annuité		

	31/12/N + 2		
2915	Dépréciations des installations, matériel et outillage industriels	600,00	
7816	Reprises sur dépréciations des immobilisations incorporelles et corporelles		600,00
	Ajustement d'après test de dépréciation		

b) Deuxième hypothèse

	31/12/N + 2		
6811	Dotations aux amortissements sur immobilisations incorporelles et corporelles	674,29	
2815	Amortissements des installations, matériel et outillage industriels		674,29
	Annuité		
	31/12/N + 2		
2915	Dépréciations des installations, matériel et outillage industriels	714,29	
7816	Reprises sur dépréciations des immobilisations incorporelles et corporelles		714,29
	Ajustement d'après test de dépréciation		

THÈME 19

Les dépréciations des autres éléments d'actif

EXERCICE 58 Dépréciations des créances douteuses

L'état des créances douteuses de la société Brico'pro se présente ainsi au 31 décembre N avant inventaire :

Noms	Créances TTC	Encaissements	Dépréciations constituées	Observations
Tréguier	9 239,10	5 980,00	60 %	pour solde
Riou	8 970,00	4 186,00	35 %	porter la dépréciation à 45 % du solde
Cossec	5 083,00	2 392,00	50 %	porter la dépréciation à 50 % du solde
Goaer	4 485,00	——	65 %	porter la dépréciation à 75 % du solde
Laouen	6 287,97	1 046,25	75 %	porter la dépréciation à 60 % du solde
Bleis	16 146,00	1 794,00	20 %	porter la dépréciation à 50 % du solde
Talamas	11 661,00	11 661,00	85 %	——

D'autre part, la société a analysé la situation de nouveaux clients défaillants au 31 décembre N :

– Madec qui doit 49 036,00 € est insolvable ;

– la perte probable sur la créance du client Cariou pour 6 578,00 € est évaluée à 70 % ;

– la société pense récupérer 40 % de la créance du client Idéa qui s'élève à 8 671,00 €.
Le taux de TVA sur l'ensemble des opérations est de 19,60 %.

- *Présenter un état des créances douteuses au 31 décembre N.*
- *Comptabiliser les opérations d'inventaire nécessaires.*

CORRIGÉ

1 – La présentation de l'état des créances douteuses au 31 décembre N

Les dépréciations se calculent sur le montant hors taxes des créances.

Noms	Créances TTC	Règlement effectué en N	Solde créance HT	Nouvelle dépréciation		Ancienne dépréciation	Réajustements	
				%	Montant		+ Dotations	– Reprises
Anciens clients douteux :								
Tréguier	9 239,10	5 980,00	2 725,00	—	—	4 635,00[1]		4 635,00
Riou	8 970,00	4 186,00	4 000,00	45	1 800,00	2 625,00[2]		825,00
Cossec	5 083,00	2 392,00	2 250,00	50	1 125,00	2 125,00[3]		1 000,00
Goaer	4 485,00	—	3 750,00	75	2 812,50	2 437,50	375,00	
Laouen	6 287,97	1 046,25	4 382,71	60	3 154,50	3 943,13[4]		788,63
Bleis	16 146,00	1 794,00	12 000,00	50	6 000,00	2 700,00[5]	3 300,00	
Talamas	11 661,00	11 661,00	0	—	—	8 287,50[6]		8 287,50
Nouveaux clients douteux :								
Cariou	6 578,00		5 550,00	70	3 850,00		3 850,00	
Idéa	8 671,00		7 250,00	60	4 350,00		4 350,00	
Totaux					23 092,00	26 753,13	11 875,00	15 536,13

(1) (9 239,10 / 1,196) 60 %
(2) (8 970,00 / 1,196) 35 %
(3) (5 083,00 / 1,196) 50 %
(4) (6 287,97 / 1,196) 75 %
(5) (16 146,00 / 1,196) 20 %
(6) (11 661,00 / 1,196) 85 %

Vérification :

Anciennes dépréciations	±	Réajustements	=	Nouvelles dépréciations
26 753,13	+	(11 875,00 – 15 536,13)	=	23 092,00 €

2 – La comptabilisation des opérations d'inventaire

	31/12		
416	Clients douteux	15 249,00	
411	Clients		15 249,00
	Cariou, Idéa : (6 578,00 + 8 671,00)		
	d°		
6714	Créances devenues irrécouvrables dans l'exercice	41 000,00	
44571	TVA collectée	8 036,00	
411	Clients		49 036,00
	Madec définitivement insolvable		
	d°		
654	Pertes sur créances irrécouvrables	2 725,00	
44571	TVA collectée	534,10	
416	Clients douteux		3 259,10
	Tréguier douteux		
	d°		
6817	Dotations aux dépréciations des actifs circulants	11 875,00	
491	Dépréciations des comptes clients		11 875,00
	D'après état des créances douteuses		
	d°		
491	Dépréciations des comptes clients	15 536,13	
7817	Reprises sur dépréciations des actifs circulants		15 536,13
	D'après état des créances douteuses		

EXERCICE 59 Dépréciations des titres

L'état du portefeuille titres de l'entreprise Lemée se présente ainsi au 31 décembre N avant inventaire :

Titres	Quantité	Valeur d'entrée unitaire	Date d'acquisition	Cours moyen à l'inventaire	
				« N – 1 »	« N »
Titres de participation :					
Actions « L »	450	285,00	mars N – 2	297,00	330,00
Actions « L »	300	303,00	juin N – 1	297,00	330,00
Titres immobilisés :					
Actions « M »	150	289,00	avril N – 1	300,00	285,00
VMP :					
Actions « N »	60	360,00	juin N – 3	315,00	330,00
Actions « O »	45	645,00	octobre N – 2	612,00	618,00

- *Calculer les montants des dépréciations au 31 décembre N – 1, au 31 décembre N et des réajustements nécessaires.*
- *Comptabiliser les opérations d'inventaire au 31 décembre N.*

CORRIGÉ

1 – Le calcul du montant des dépréciations et des réajustements

Titres	Valeur d'entrée	Au 31/12/N – 1		Au 31/12/N		Réajustements	
		Valeur d' inventaire	Dépréciations	Valeur d' inventaire	Dépréciations	+ Dotations	– Reprises
Titres de participation :							
Actions « L »	219 150[1]	222 750	—	247 500			
Titres immobilisés :							
Actions « M »	43 350[2]	45 000	—	42 750	600	600	
VMP :							
Actions « N »	21 600	18 900	2 700	19 800	1 800		900
Actions « O »	29 025	27 540	1 485	27 810	1 215		270
Totaux			4 185		3 615	600	1 170

(1) (450 x 285) + (300 x 303)

(2) (150 x 289)

Vérification :

Anciennes dépréciations	±	Réajustements	=	Nouvelles dépréciations
4 185,00	+	(600,00 – 1 170,00)	=	3 615,00 €

2 – La comptabilisation des opérations d'inventaire

	31/12		
6866	Dotations aux dépréciations des éléments financiers	600,00	
2971	Dépréciations des titres immobilisés		600,00
	D'après état des titres		
	31/12		
590	Dépréciations des valeurs mobilières de placement	1 170,00	
7866	Reprises sur dépréciations des éléments financiers		1 170,00
	D'après état des titres		

THÈME 20

Les provisions pour risques et charges

EXERCICE 60 Provisions pour risques

La société Sada vous communique les renseignements suivants :

En « N »

– à la suite d'un contrôle fiscal, la société prévoit 15 000,00 € de pénalités ;

– la société est en litige avec le client Legall qui lui réclame 23 000,00 € de dommages et intérêts ; elle constitue, sur les conseils de son avocat, une provision correspondant à 50 % de la somme réclamée.

En « N + 1 »

– la société reçoit le 20 juin la notification de pénalités pour un montant de 18 000,00 €. Le règlement est effectué le jour même par chèque bancaire ;

– le procès intenté par le client Legall est toujours en cours à l'inventaire. Cependant, l'avocat de la société informe cette dernière qu'elle risque d'être condamnée à verser 18 400,00 € de dommages et intérêts.

■ *Comptabiliser l'ensemble des opérations relatives à ces faits.*

CORRIGÉ

	31/12/N		
6875	Dotations aux provisions exceptionnelles	26 500,00	
1511	Provisions pour litiges		11 500,00
1514	Provisions pour amendes et pénalités		15 000,00
	Litiges : (23 000,00 x 50 %) et pénalités		
	20/06/N + 1		
6712	Pénalités, amendes fiscales et pénales	18 000,00	
512	Banques		18 000,00
	CH n° …		
	31/12/N + 1		
1514	Provisions pour amendes et pénalités	15 000,00	
7875	Reprises sur provisions exceptionnelles		15 000,00
	Annulation de la provision		
	31/12/N + 1		
6875	Dotations aux provisions exceptionnelles	6 900,00	
1511	Provisions pour litiges		6 900,00
	Augmentation de la provision : (18 400,00 – 11 500,00)		

EXERCICE 61 Provisions pour charges

La société les Mouettes, entreprise de transport maritime, constate les faits suivants :

Au 31 décembre « N »

Il est prévu un programme d'entretien de la coque des navires pour un montant de 120 000,00 € hors taxes en « N + 3 ».

L'entreprise souhaite constituer une provision sur trois exercices.

Au 31 décembre « N + 1 »

Le coût de l'entretien est évalué maintenant à 130 000,00 € hors taxes.

Le 13 septembre « N + 3 »

La société règle au comptant la facture de l'entretien des navires : 128 000,00 € hors taxes, TVA 19,60 %.

- *Comptabiliser les opérations relatives au programme d'entretien des coques de navire.*
- *Pour quel autre traitement comptable l'entreprise pourrait-elle opter ?*

CORRIGÉ

1 – La comptabilisation des opérations d'inventaire

	31/12/N		
6815	Dotations aux provisions d'exploitation	40 000,00	
157	Provisions pour charges à répartir sur plusieurs exercices		40 000,00
	Provision pour entretien : 120 000,00 / 3		
	31/12/N + 1		
6815	Dotations aux provisions d'exploitation	45 000,00	
157	Provisions pour charges à répartir sur plusieurs exercices		45 000,00
	Provision pour entretien : 40 000,00 + [(130 000,00 – 120 000,00) / 2]		
	31/12/N + 2		
6815	Dotations aux provisions d'exploitation	45 000,00	
157	Provisions pour charges à répartir sur plusieurs exercices		45 000,00
	Provision pour entretien : 40 000,00 + [(130 000,00 – 120 000,00) / 2]		
	13/09/N + 3		
615	Entretien et réparations	128 000,00	
44566	TVA sur autres biens et services	25 088,00	
401	Fournisseurs		153 088,00
	FA n° …		
	31/12/N + 3		
157	Provisions pour charges à répartir sur plusieurs exercices	130 000,00	
7815	Reprises sur provisions d'exploitation		130 000,00
	Annulation de la provision pour entretien		

2 – Le choix d'un autre traitement comptable

L'entreprise peut opter pour la ***méthode des composants***, à condition qu'aucune provision pour gros entretien ou grande révision n'ait été constituée antérieurement pour l'immobilisation concernée.

Il s'agit de composants dits de ***seconde catégorie***. Les dépenses d'entretien sont identifiées dès l'origine comme composant ; la comptabilisation du composant est effectué ***à l'intérieur*** du coût global (valeur brute) de l'immobilisation. Ce composant fait l'objet d'un plan d'amortissement ***propre***, sur la durée prévue pour la réalisation de la révision.

Notons que, sur le plan fiscal, ces dépenses ne sont pas reconnues comme composant et sont donc toujours considérées comme des ***charges***. Il sera donc nécessaire d'effectuer un ***retraitement*** lors de la détermination du résultat imposable.

THÈME 21

Les provisions réglementées

EXERCICE 62 Amortissements dérogatoires

La société Diom, usine d'incinération d'ordures ménagères, a acquis au cours de l'année « N » :

– un incinérateur pour 75 000,00 € hors taxes, le 1er avril N ; durée d'utilisation prévue cinq ans.

Il est amorti selon le mode dégressif (coefficient 1,75) ; cependant, l'entreprise considère le mode linéaire comme économiquement justifié ;

– un matériel destiné à économiser l'énergie pour 16 000,00 € hors taxes le 1er juillet N ; durée d'utilisation quatre ans.

Ce bien bénéficie d'un amortissement fiscal de 100 % sur 12 mois. Le mode qui correspond au rythme d'utilisation est le mode linéaire.

- *Présenter les plans d'amortissement complets.*
- *Comptabiliser les opérations à la clôture des exercices « N » et « N + 2 ».*
- *Calculer le montant des amortissements dérogatoires porté au bilan au 31 décembre N + 2.*

CORRIGÉ

1 – Les plans d'amortissement

a) Incinérateur

Le taux linéaire est de 20 % (100 / 5).

Le taux dégressif est de 35 % (20 % x 1,75).

Le point de départ de l'amortissement est le 1er avril N.

La première annuité est de 9 mois (du 1er avril N au 31 décembre N), soit :

– annuité dégressive : 75 000 x 35 % x 9 / 12 = 19 687,50 € ;

– annuité linéaire : 75 000 x 20 % x 9 / 12 = 11 250,00 €.

Le plan d'amortissement se présente comme suit :

Année	Annuité d'amortissement fiscal	Annuité d'amortissement lié à l'utilisation (linéaire)	Amortissement dérogatoire	
			+ Dotations	– Reprises
N	19 687,50	11 250,00	8 437,50	
N + 1	(75 000 – 19 687,50) 0,35 = 19 359,37	75 000 x 0,20 = 15 000,00	4 359,37	
N + 2	(75 000 – 39 046,87) 0,35 = 12 583,59	75 000 x 0,20 = 15 000,00		2 416,41
N + 3	(75 000 – 51 630,46) / 2 = 11 684,77	75 000 x 0,20 = 15 000,00		3 315,23
N + 4	(75 000 – 51 630,46) / 2 = 11 684,77	75 000 x 0,20 = 15 000,00		3 315,23
N + 5	0	75 000 – 71 250,00 = 3 750,00		3 750,00
	= 75 000,00	= 75 000,00	12 796,87	12 796,87

b) Matériel

Le taux linéaire est de 25 % (100 / 4).

Le point de départ de l'amortissement est le 1er juillet N.

La première annuité est de 6 mois (du 1er juillet N au 31 décembre N), soit :

– annuité linéaire :16 000 x 25 % x 6 / 12 = 2 000,00 € ;

– annuité fiscale :16 000 / 2 = 8 000,00 €.

Le plan d'amortissement se présente comme suit :

Année	Annuité d'amortissement fiscal	Annuité d'amortissement lié à l'utilisation (linéaire)	Amortissement dérogatoire	
			+ Dotations	– Reprises
N	8 000	2 000	6 000,00	
N + 1	16 000/2 = 8 000	16 000 x 0,25 = 4 000,00	4 000,00	
N + 2		16 000 x 0,25 = 4 000,00		4 000,00
N + 3		16 000 x 0,25 = 4 000,00		4 000,00
N + 4		(16 000 – 14 000) = 2 000,00		2 000,00
	= 16 000,00	= 16 000,00	10 000,00	10 000,00

2 – La comptabilisation des opérations de clôture

		31/12/N		
6811		Dotations aux amortissements des immobilisations incorporelles et corporelles[1]	13 250,00	
6872		Dotations aux provisions réglementées (immobilisations)[2]	14 437,50	
	2815	Amortissements du matériel et outillage industriels		13 250,00
	145	Amortissements dérogatoires		14 437,50
		Annuités linéaires et dérogatoires		

(1) (11 250,00 + 2 000,00)

(2) (8 437,50 + 6 000,00)

	31/12/N + 2		
6811	Dotations aux amortissements des immobilisations incorporelles et corporelles	19 000,00	
2815	Amortissements du matériel et outillage industriels		19 000,00
	Amortissement linéaire : (15 000,00 + 4 000,00)		
	31/12/N + 2		
145	Amortissements dérogatoires	6 416,41	
7872	Reprises sur provisions réglementées (immobilisations)		6 416,41
	Reprise des amortissements dérogatoires : (2 416,41 + 4 000,00)		

3 – Le calcul des amortissements dérogatoires portés au bilan

Le solde créditeur du compte « 145 Amortissements dérogatoires » est porté au passif du bilan, dans la rubrique capitaux propres au poste provisions réglementées, soit :

145 Amortissements dérogatoires

D			C
N + 2	6 416,41	14 437,50	N
		8 359,37 *	N + 1
TD	6 416,41	22 796 ,87	TC
SC	16 380,46		

* (4 359,37 + 4 000,00)

EXERCICE 63 Provision pour hausse des prix

La société Délice, spécialisée dans l'importation et le négoce du café, vous communique l'évolution des stocks des trois derniers exercices, au 31 décembre N + 6 avant inventaire ainsi que les dotations aux provisions constituées en « N + 5 » :

Produits	Stock « N + 4 »		Stock « N + 5 »		Stock « N + 6 »		Dotations « N + 5 »
	Qté	PU	Qté	PU	Qté	PU	
A	650	520	660	598	720	572	17 160
B	52	780	58	884	78	975	3 276
C	1 040	830	1 000	936	1 300	933	23 000
D	780	728	650	660	20	755	1 300

La société a comptabilisé une provision pour hausse des prix de 5 000,00 € au 31 décembre N.

- *Calculer le montant des dotations aux provisions pour hausse des prix à constituer au 31 décembre N + 6.*
- *Enregistrer les opérations nécessaires au 31 décembre N + 6.*

Corrigé

1 – Le calcul du montant des provisions à constituer au 31 décembre N + 6

A : (572 – 520 x 1,10) 720	= 0
B : [(975 – 780 x 1,10) 78] – 3 276	= 5 850,00
C : [(933 – 830 x 1,10) 1 300] – 23 000	= 3 000,00
D : (755 – 660 x 1,10) 20	= 580,00
Dotations N + 6	= 9 430,00

2 – La comptabilisation des opérations d'inventaire au 31 décembre N + 6

	31/12/N + 6		
6873	Dotations aux provisions réglementées (stocks)	9 430,00	
1431	Hausse des prix		9 430,00
	Constitution de la provision		
	31/12/N + 6		
1431	Hausse des prix	5 000,00	
7873	Reprises sur provisions réglementées		5 000,00
	Annulation de la provision constituée en « N »		

THÈME 22

Les cessions d'immobilisations et de valeurs mobilières de placement

EXERCICE 64 Cession d'une immobilisation non amortissable n'ayant pas fait l'objet de dépréciation

La société Agrobio a cédé le 18 avril N un terrain agricole de 25 hectares au prix de 6 000,00 € l'hectare (opération non soumise à la TVA).

Le 15 octobre N – 6, la société a perçu une subvention d'équipement de 36 000,00 € représentant 30 % du prix d'acquisition du terrain. Le contrat d'octroi de la subvention ne comporte aucune clause d'inaliénabilité.

- *Calculer le prix d'acquisition du terrain.*
- *Comptabiliser les opérations de cession et de régularisation à l'inventaire.*

CORRIGÉ

1 – Le prix d'acquisition du terrain

La subvention de 36 000,00 € représente 30 % du prix d'acquisition du terrain.

Le prix d'acquisition est donc de :

$$\frac{36\,000{,}00 \times 100}{30} = 120\,000{,}00 \text{ €}$$

2 – La comptabilisation des opérations de cession et de régularisation à l'inventaire

a) Cession

	18/04/N		
462	Créances sur cessions d'immobilisations	150 000,00	
775	Produits des cessions d'éléments d'actif		150 000,00
	Cession du terrain : 6 000 x 25		

b) Régularisation à l'inventaire

On distingue trois opérations de régularisation à l'inventaire :

- ***annuler*** l'immobilisation ;
- ***rapporter*** au résultat le solde de la subvention ;
- ***solder*** les comptes de subventions.

	31/12/N		
675	Valeurs comptables des éléments d'actif cédés	120 000,00	
211	Terrains		120 000,00
	Annulation de l'immobilisation		

La subvention d'investissement est rapportée, faute de clause d'inaliénabilité, en dix fractions égales.

De « N – 6 » jusqu'à « N – 1 », six dixièmes de la subvention ont déja été rapportés au résultat.

	31/12/N		
139	Subventions d'investissement inscrites au compte de résultat	14 400,00	
777	Quote-part des subventions d'investissement virée au résultat de l'exercice		14 400,00
	Solde de la subvention rapporté au résultat :		
	36 000 – [(36 000 / 10) 6]		
	31/12/N		
131	Subventions d'investissement	36 000,00	
139	Subventions d'investissement inscrites au compte de résultat		36 000,00
	Pour solde		

EXERCICE 65 Cession d'une immobilisation amortissable n'ayant pas fait l'objet de dépréciation

La société Bomaco a cédé le 30 septembre N, pour 4 000,00 € hors taxes, une machine-outil acquise d'occasion le 5 février N – 2 au prix de 10 000,00 € hors taxes (TVA au taux normal).

La durée d'utilisation prévue était de huit ans.

- *Indiquer le mode d'amortissement pratiqué et calculer le taux d'amortissement.*
- *Comptabiliser les opérations de cession et de régularisation à l'inventaire.*

CORRIGÉ

1 – Le mode d'amortissement pratiqué et le taux d'amortissement

La machine-outil a été acquise d'occasion ; elle doit donc être amortie obligatoirement selon le mode linéaire.

Le taux d'amortissement retenu est 12,50 % (100 / 8).

2 – La comptabilisation des opérations de cession et de régularisation à l'inventaire

a) Cession

	30/9/N		
462	Créances sur cessions d'immobilisations	4 784,00	
775	Produits des cessions d'éléments d'actif		4 000,00
44571	TVA collectée		784,00
	Cession de la machine-outil		

b) Régularisation à l'inventaire

Les opérations de régularisation à l'inventaire consistent à :

- ***enregistrer*** la dotation complémentaire, du premier jour de l'exercice à la date de cession ;
- ***annuler*** l'immobilisation, les amortissements pratiqués et ***constater*** la perte de patrimoine.

	31/12/N		
6811	Dotations aux amortissements des immobilisations incorporelles et corporelles	937,50	
2815	Amortissements des installations techniques, matériel et outillage industriels		937,50
	Dotation complémentaire : *10 000,00 x 12,50 % x 9 / 12*		

Le solde créditeur du compte « 2815 Amortissements des installations techniques, matériel et outillage industriels » représente le total des amortissements pratiqués depuis l'exercice d'acquisition.

D	2815 Amortissements des installations techniques, matériel et outillage industriels	C	
		1 128,47 *	→ annuité « N – 2 » du 5 février au 31 décembre
		1 250,00	→ annuité « N – 1 »
		937,50	→ annuité « N »
SC	3 315,97	3 315,97	TC

$* \ 10\,000,00 \times 12,50\ \% \times \frac{325}{360}$

La valeur nette comptable est égale à :

10 000,00 – 3 315,97 = 6 684,03 €

	31/12/N		
2815	Amortissements des installations techniques, matériel et outillage industriels	3 315,97	
675	Valeurs comptables des éléments d'actif cédés	6 684,03	
215	Installations techniques, matériel et outillage industriels		10 000,00
	Régularisation de la machine-outil		

EXERCICE 66 Cession d'immobilisations ayant fait l'objet d'amortissements dérogatoires et cession d'immobilisations financières

La société Rolin a réalisé les cessions suivantes au cours de l'exercice « N » :

– le 15 juin N : la société a cédé un véhicule de tourisme électrique pour 6 900,00 €. Ce véhicule a été acquis 13 260,00 € toutes taxes comprises le 1er mars N – 2.

Il a fait l'objet d'un amortissement exceptionnel sur douze mois, l'amortissement économique est linéaire sur cinq ans.

– le 2 octobre N : la société a cédé 300 actions « SPI », classées en titres immobilisés, sur les 800 qu'elle possédait en portefeuille au début de l'exercice. Le prix de cession est de 24,00 € l'une.

Les actions « SPI » ont été acquises à 26,00 € l'une ; leur valeur d'inventaire au 31 décembre N – 1 était de 22,00 €, celle au 31 décembre N est de 21,00 €.

■ *Présenter le tableau d'amortissement du véhicule jusqu'au 31 décembre N – 1 après inventaire.*

■ *Comptabiliser les opérations de cession et de régularisation à l'inventaire.*

CORRIGÉ

1 – Le tableau d'amortissement du véhicule de tourisme électrique

Le taux d'amortissement est de 20 % (100 / 5).

Le point de départ de l'amortissement est le 1er mars N – 2.

La première annuité est de 10 mois (du 1er mars N – 2 au 31 décembre N – 2), soit :

– annuité linéaire : 13 260 x 20 % x 10 / 12 = 2 210 € ;

– annuité fiscale : 13 260 x 10 / /12 = 11 050 €.

Le plan d'amortissement se présente comme suit :

Année	Annuité d'amortissement fiscal	Annuité d'amortissement lié à l'utilisation (linéaire)	Amortissement dérogatoire	
			Dotations	Reprises
N – 2	11 050	2 210	8 840	
N – 1	13 260 x 2 / 12 = 2 210	13 260 x 20 % = 2 652		442

La dernière annuité linéaire est de 5,5 mois (du 1er janvier N au 15 juin), soit :

13 260,00 x 20 % x 5,5 / 12 = 1 215,50 €

2 – La comptabilisation des opérations de cession et de régularisation à l'inventaire

a) Cession et régularisation du véhicule de tourisme électrique

	15/06/N		
512	Banques	6 900,00	
775	Produits des cessions d'éléments d'actif		6 900,00
	Cession du véhicule ; CH n° …		

Les opérations de régularisation à l'inventaire consistent à :
- ***enregistrer*** la dotation complémentaire, du premier jour de l'exercice à la date de cession ;
- ***annuler*** l'immobilisation, les amortissements pratiqués et ***constater*** la perte de patrimoine ;
- ***annuler*** les amortissements dérogatoires.

	31/12/N		
6811	Dotations aux amortissements des immobilisations incorporelles et corporelles	1 215,50	
28182	Amortissements du matériel de transport		1 215,50
	Dotation complémentaire : 13 260,00 x 20 % x 5,5 / 12		

Le solde créditeur du compte « 28182 Amortissements du matériel de transport » représente le total des amortissements pratiqués depuis l'exercice de son acquisition.

D	28182 Amortissements du matériel de transport		C	
		2 210,00		→ annuité « N – 2 » du 1er mars au 31 décembre
		2 652,00		→ annuité « N – 1 »
		1 215,50		→ annuité « N »
SC	6 077,50	6 077,50	TC	

La valeur nette comptable est égale à :

13 260,00 – 6 077,50 = 7 182,50 €

	31/12/N		
28182	Amortissements du matériel de transport	6 077,50	
675	Valeurs comptables des éléments d'actif cédés	7 182,50	
2182	Matériel de transport		13 260,00
	Annulation du véhicule		

Le compte « 145 Amortissements dérogatoires » doit être soldé pour 8 398 € (8 840 – 442).

	31/12/N		
145	Amortissements dérogatoires	8 398,00	
7872	Reprises sur provisions réglementées (immobilisations)		8 398,00
	Annulation des amortissements dérogatoires		

b) Cession et régularisation des titres

	2/10/N		
512	Banques	7 200,00	
775	Produits des cessions d'éléments d'actif		7 200,00
	Cession des actions « SPI » : (300 x 24)		

On distingue deux opérations de régularisation à l'inventaire :
- ***annuler*** les titres cédés ;
- ***ajuster*** les dépréciations.

	31/12/N		
675	Valeurs comptables des éléments d'actif cédés	7 800,00	
271	Titres immobilisés autres que les titres immobilisés de l'activité de portefeuille (droit de propriété)		7 800,00
	Annulation des titres « SPI » cédés : (26 x 300)		

L'ajustement des dépréciations est le suivant :

Dépréciations au 31/12/N – 1	:	800 (26 – 22)	=	3 200
Dépréciations au 31/12/N	:	500 (26 – 21)	=	2 500

La reprise sur dépréciations est égale à 700 € (3 200,00 – 2 500,00).

	31/12/N		
2971	Dépréciations des titres immobilisés autres que les titres immobilisés de l'activité de portefeuille (droit de propriété)	700,00	
7866	Reprises sur dépréciations des éléments financiers		700,00
	Ajustement de la dépréciation		

EXERCICE 67 Cession d'une immobilisation amortissable ayant fait l'objet de dépréciation

La société Bihan a cédé, pour 1 427,00 € hors taxes, le 1er août N + 3 un matériel industriel, acquis le 1er juillet N, dont elle vous fournit le plan d'amortissement :

Matériel industriel						
Date	Base amortissable	Annuité	Amortissements cumulés	Dépréciation		VNC
				Dotations	Reprises	
N	4 800,00	480,00	480,00	0,00		4 320,00
N + 1	4 800,00	960,00	1 440,00	1 000,00		2 360,00
N + 2	2 360,00	674,29	2 114,29		600,00	2 285,71
N + 3	2 285,71	914,28	3 028,57			1 371,43
N + 4	2 285,71	914,28	3 942,85			457,14
N + 5	2 285,71	457,14	4 400,00			0,00

- *Régulariser la cession au 31 décembre N + 3.*

CORRIGÉ

1 – Calculs préliminaires

a) Annuité d'amortissement complémentaire

D'après le plan d'amortissement, l'annuité « N + 3 » s'élève à 914,28 €. Or le bien a été cédé le 1er août N + 3, la dotation aux amortissements doit être calculée pour sept mois, soit :

914,28 x 7 / 12 = 533,33 €

b) Amortissements cumulés jusqu'à la date de cession

Les amortissements pratiqués jusqu'à la date de cession correspondent aux amortissements cumulés jusqu'au 31 décembre N + 2 majorés de l'annuité complémentaire « N + 3 », soit :

2 114,29 + 533,33 = 2 647,62 €

c) Montant de la dépréciation

Le montant de la dépréciation est égal à la différence entre le montant porté en dotations et celui inscrit en reprises, soit :

1 000,00 – 600,00 = 400,00 €

d) Valeur nette comptable du bien

La valeur nette comptable du matériel industriel à la date de cession est égale à :

Valeur d'origine	–	Amortissements cumulés jusqu'à la date de cession	–	Dépréciation		
4 800,00	–	2 647,62	–	400,00	=	1 752,38 €

e) Montant de la valeur de sortie du patrimoine

Le matériel industriel sort du patrimoine pour la valeur correspondant à sa valeur d'origine diminuée du montant des amortissements pratiqués jusqu'à la date de cession, soit :

4 800,00 – 2 647,62 = 2 152,38 €.

2 – La comptabilisation des opérations de régularisation à l'inventaire

On distingue trois opérations de régularisation à l'inventaire :

- ***constater*** l'annuité complémentaire ;
- ***annuler*** la dépréciation ;
- ***sortir*** l'immobilisation du patrimoine.

	31/12/N + 3		
6811	Dotations aux amortissements des immobilisations incorporelles et corporelles	533,33	
2815	Amortissements des installations techniques, matériel et outillage industriels		533,33
	Annuité complémentaire		
	d°		
2915	Dépréciations des installations techniques, matériel et outillage industriels	400,00	
7816	Reprises sur dépréciations des immobilisations incorporelles et corporelles		400,00
	Annulation de la dépréciation		
	d°		
2815	Amortissements des installations techniques, matériel et outillage industriels	2 647,62	
675	Valeurs comptables des éléments d'actif cédés	2 152,38	
215	Installations techniques, matériel et outillage industriels		4 800,00
	Sortie du matériel industriel		

EXERCICE 68 Cession de valeurs mobilières de placement

Le portefeuille des valeurs mobilières de placement de la société Munvyl se présente ainsi au 1er janvier N :

– 285 actions « TFS » acquises le 10 novembre N – 2 au prix unitaire de 405,00 € ;

– 465 actions « TFS » acquises le 12 avril N – 1 au prix unitaire de 445,00 €.

La société a cédé au cours de l'exercice « N » :

– 450 actions « TFS » le 15 mars au prix unitaire de 440,00 € ;

– 300 actions « TFS » le 20 avril au prix unitaire de 440,00 €.

La valeur à l'inventaire des titres « TFS » était de 427,00 € au 31 décembre N – 1 ; elle est de 455,00 € au 31 décembre N.

- *Calculer les résultats de cession.*
- *Comptabiliser les opérations de cession et de régularisation à l'inventaire.*

CORRIGÉ

1 – Le calcul des résultats de cession

a) Cession du 15 mars N

Prix de cession	–	Prix d'achat	=	Résultat
(450 x 440)	–	[(285 x 405) + (165 x 445)]		
198 000	–	(115 425 + 73 425)	=	9 150 € (profit)

b) Cession du 20 avril N

(300 x 440)	–	(300 x 445)		
132 000	–	133 500	=	– 1 500 € (perte)

2 – La comptabilisation des opérations de cession et de régularisation à l'inventaire

a) Cession

	15/3/N		
512	Banques	198 000,00	
767	Produits nets sur cessions de valeurs mobilières de placement		198 000,00
	Cession des titres « TFS » : (450 x 440)		
	20/4/N		
512	Banques	132 000,00	
667	Charges nettes sur cessions de valeurs mobilières de placement		132 000,00
	Cession des titres « TFS » : (300 x 440)		

b) Régularisation

On distingue deux opérations de régularisation à l'inventaire :

– ***annuler*** les titres cédés ;

– ***ajuster*** les dépréciations.

	31/12/N		
767	Produits nets sur cessions de valeurs mobilières de placement	188 850,00	
667	Charges nettes sur cessions de valeurs mobilières de placement	133 500,00	
503	Actions		322 350,00
	Annulation des titres « TFS »		

Dépréciation au 31 décembre N – 1 :

$$[(285 \times 405) + (465 \times 445)] - (750 \times 427) = 2\,100 \text{ €}$$

Aucune dépréciation au 31 décembre N, l'ensemble des titres ayant été cédé ; il faut donc annuler la dépréciation « N – 1 ».

	31/12/N		
5903	Dépréciations des actions	2 100,00	
7866	Reprises sur dépréciations des éléments financiers		2 100,00
	Annulation des dépréciations		

THÈME 23

Les créances et les dettes en monnaie étrangère

EXERCICE 69 Opérations sur un exercice

La société Fredy exporte une partie de sa production au Canada et au Danemark.

Le 16 octobre N, elle a adressé à son client Kelog une facture de 44 546,40 DKK. Le cours était à ce jour : 1 € = 7,4244 DKK.

Le 27 novembre N, elle a adressé à son client canadien Stone une facture de 13 376,55 CAD. Le cours était à ce jour : 1 € = 1,6214 CAD.

À la clôture de l'exercice, le 31 décembre N, les cours des monnaies sont les suivants :

– 1 € = 7,5086 DKK ;

– 1 € = 1,5937 CAD.

■ *Présenter les écritures de régularisation à l'inventaire.*

CORRIGÉ

1 – Le calcul des écarts

a) Client Kelog

Le 16 octobre N, la créance était de 6 000,00 € (44 546,40 / 7,4244).

Au 31 décembre N, la créance est de 5 932,72 € (44 546,40 / 7,5086).

La créance a diminué de :

6 000,00 – 5 932,72 = 67,28 €

b) Client Stone

Le 27 novembre N, la créance était de 8 250,00 € (13 376,55 / 1,6214).

Au 31 décembre N, la créance est de 8 393,39 € (13 376,55 / 1,5937).

La créance a augmenté de :

8 393,39 – 8 250,00 = 143,39 €

2 – Les écritures de régularisation

	31/12		
476 411	Différences de conversion – Actif Clients *Kelog : perte latente*	67,28	67,28
	31/12		
411 477	Clients Différences de conversion – Passif *Stone : gain latent*	143,39	143,39

EXERCICE 70 Opérations sur deux exercices

Au 31 décembre N, l'entreprise JPB vous communique l'état de ses dettes et créances en monnaies étrangères :

– client suisse Valls :

10 000 francs suisses, au cours de : 100 CHF = 62,120 € ;

– client américain Powel :

15 000 dollars, au cours de : 1 USD = 0,628 € ;

– fournisseur suisse Weill :

15 000 francs suisses, au cours de : 100 CHF = 62,210 € ;

– fournisseur américain Prados :

20 000 dollars, au cours de : 1 USD = 0,615 €.

À l'inventaire « N », les cours des devises sont les suivantes :

– 100 CHF = 63,830 € ;

– 1 USD = 0,633 €.

Durant l'exercice « N + 1 », l'entreprise JPB a enregistré les règlements suivants :

– 15 juin : Powel réception d'un chèque, valeur du dollar : 0,633 € ;

– 20 août : Prados envoi d'un chèque, valeur du dollar : 0,625 €.

■ *Comptabiliser les écritures d'inventaire au 31 décembre N.*

■ *Enregistrer les opérations réalisées en « N + 1 ».*

Corrigé

1 – Le calcul des écarts

Noms	Cours à la facturation		Cours à l'inventaire		Écart	Gain latent	Perte latente
	créances	dettes	créances	dettes			
Valls	6 212,00		6 383,00		171,00	171,00	
Powel	9 420,00		9 495,00		75,00	75,00	
Weill		9 331,50		9 574,50	243,00		243,00
Prados		12 300,00		12 660,00	360,00		360,00
	15 632,00	21 631,50	15 878,00	22 234,50	849,00	246,00	603,00

2 – Les écritures d'inventaire au 31 décembre N

			Débit	Crédit
		31/12/N		
411		Clients	246,00	
	477	Différences de conversion – Passif		246,00
		Valls : 171,00 € ; Powel : 75,00 €		
		d°		
476		Différences de conversion – Actif	603,00	
	401	Fournisseurs		603,00
		Weill : 243,00 € ; Prados : 360,00 €		
		d°		
6865		Dotations aux provisions financières	603,00	
	1515	Provisions pour pertes de change		603,00
		Weill et Prados : provisions		

3 – Les opérations réalisées en « N + 1 »

	1/1/N + 1		
477	Différence de conversion – Passif	246,00	
411	Clients		246,00
	Valls et Powel : contre-passation des écarts		
	1/1/N + 1		
401	Fournisseurs	603,00	
476	Différences de conversion – Actif		603,00
	Weill et Prados : contre-passation des écarts		
	15/6/N + 1		
512	Banques	9 495,00	
411	Clients		9 420,00
766	Gains de change		75,00
	Powel CH n° … : (15 000,00 x 0,633)		
	20/8/N + 1		
401	Fournisseurs	12 300,00	
666	Pertes de change	200,00	
512	Banques		12 500,00
	Prados CH n° … : (20 000,00 x 0,625)		
	31/12/N + 1		
1515	Provisions pour pertes de change	360,00	
7865	Reprises sur provisions financières		360,00
	Prados : annulation de la provision		

THÈME 24

L'exécution des contrats à long terme

EXERCICE 71 Méthode à l'achèvement

La société Sovipêche, spécialisée dans la conception et la construction de navires de pêche, a conclu en janvier de l'exercice « N » un contrat par lequel elle s'engage à livrer un bateau usine « clefs en mains » aux établissements Connectable pour le 30 novembre N + 1.

Les données relatives à ce contrat sont les suivantes :

• *Produits à livraison :*	*995 000,00 €*
• *Coût cumulé des travaux au 31 décembre N :*	*450 000,00 €*
• *Coût cumulé des travaux au 30 novembre N + 1 :*	*500 000,00 €*

- *Comptabiliser les écritures nécessaires, pour chacun des exercices, d'après la méthode à l'achèvement.*
- *Dégager le résultat de l'opération pour chaque exercice.*

CORRIGÉ

1 – La comptabilisation

	31/12/N		
33	En-cours de production de biens	450 000,00	
713	Variation des stocks (en-cours de production, produits)		450 000,00
	Construction navire en-cours ; fiche analytique n° …		
	30/11/N + 1		
713	Variation des stocks (en-cours de production, produits)	450 000,00	
33	En-cours de production de biens		450 000,00
	Annulation du stock en-cours		
	30/11/N + 1		
411	Clients	1 190 020,00	
701	Ventes de produits finis		995 000,00
44571	TVA collectée		195 020,00
	Connectable FA n° …		

2 – Le résultat de l'opération pour chaque exercice

Au 31 décembre N, le résultat de l'opération est nul, les charges étant égales aux produits, soit :

450 000,00 € = 450 000,00 €

Au 31 décembre N + 1, le résultat de l'opération est égal à la différence entre le prix du produit et le coût total des charges, soit :

995 000,00 – (450 000,00 + 500 000,00) = 45 000,00 €

EXERCICE 72 Méthode à l'avancement

Un contrat est signé le 15 mai N entre la société Lambrecht, spécialisée dans la conception et la construction d'espaces de loisirs, et la société Club'Loisirs pour la réalisation d'un parc aquatique ludique à livrer le 15 juin N + 1.

Le prix de vente s'élève à 780 350,00 € hors taxes pour un coût estimé à 720 000,00 € hors taxes à la livraison.

Les renseignements complémentaires suivants vous sont fournis :

• *Montant des travaux réalisés en « N » :*	*352 800,00 €*
• *Montant des travaux au 15 juin N + 1 :*	*375 000,00 €*

- *Comptabiliser les écritures nécessaires, d'après la méthode à l'avancement, au 31 décembre N et au 15 juin N + 1.*
- *Dégager pour les exercices « N » et « N + 1 » le résultat de l'opération.*

CORRIGÉ

1 – La comptabilisation

Degré d'avancement au 31 décembre N :

(352 800,00 / 720 000,00) 100 = 49 %

Chiffre d'affaires à l'avancement au 31 décembre N :

780 350,00 x 49 % = 382 371,50 €

	31/12/N		
417	Créances sur travaux non encore facturés	382 371,50	
701	Ventes de produits finis		382 371,50
	Constatation du chiffre d'affaires ; fiche analytique n° …		
	15/6/N + 1		
701	Ventes de produits finis	382 371,50	
417	Créances sur travaux non encore facturés		382 371,50
	Contre-passation du chiffre d'affaires à l'avancement		
	15/6/N + 1		
411	Clients	933 298,60	
701	Ventes de produits finis		780 350,00
44571	TVA collectée		152 948,60
	Club'Loisirs FA n° …		

2 – Le résultat de l'opération pour chaque exercice

a) Résultat au 31 décembre N

Le résultat pour l'exercice « N » s'élève à :

(780 350,00 – 720 000,00) 49 % = 29 571,50 €

b) Résultat au 15 juin N

Le résultat pour l'exercice « N + 1 » s'élève à :

780 350,00 – (382 371,50 + 375 000,00) = 22 978,50 €

Le résultat de l'opération est de :

29 571,50 + 22 978,50 = 52 550,00 €

THÈME 25

La détermination du résultat Le passage d'un exercice à l'autre

EXERCICE 73 Détermination du résultat

La liste alphabétique des comptes de gestion, par solde, de l'entreprise Bugnet, après inventaire, est la suivante :

Comptes	Soldes
Achats de marchandises	*200 000*
Achats non stockés	*120 000*
Achats stockés – Matières premières	*650 000*
Autres impôts, taxes et versements assimilés (administration des Impôts)	*32 000*
Charges d'intérêts	*16 000*
Charges de personnel	*260 000*
Charges de sécurité sociale et de prévoyance	*125 000*
Dotations aux amortissements des immobilisations incorporelles et corporelles	*48 000*
Dotations aux dépréciations des actifs circulants	*32 000*
Dotations aux dépréciations des éléments financiers	*1 700*
Entretien et réparations	*5 900*
Frais postaux et de télécommunications	*12 400*
Locations	*86 000*
Primes d'assurance	*12 800*
Publicité, publications, relations publiques	*43 800*
Produits des cessions d'éléments d'actif	*32 000*
Produits financiers	*26 000*
Produits des activités annexes	*97 000*

Comptes	Soldes
Rabais, remises et ristournes obtenus sur achats de marchandises	*12 400*
Rabais, remises et ristournes obtenus sur achats de matières premières	*15 300*
Rabais, remises et ristournes accordés sur ventes de marchandises	*14 400*
Rabais, remises et ristournes accordés sur ventes de produits finis	*16 250*
Reprises sur dépréciations des actifs circulants	*3 600*
Transports de biens	*12 700*
Valeurs comptables des éléments d'actif cédés	*18 000*
Ventes de marchandises	*500 000*
Ventes de produits finis	*1 880 000*

La société vous communique l'état de ses stocks net d'escompte :

Nature	Valeur comptable au 31 décembre N – 1	Valeur comptable au 31 décembre N
Marchandises	*35 000*	*42 000*
Matières premières	*120 000*	*90 000*
Produits finis	*370 000*	*410 000*

■ *Comptabiliser les écritures de détermination du résultat.*

CORRIGÉ

1 – Les calculs préliminaires

Variation des stocks de marchandises :

35 000,00 – 42 000,00 = – 7 000,00 €

Variation des stocks de matières premières :

120 000,00 – 90 000,00 = + 30 000,00 €

Variation des stocks de produits finis :

410 000,00 – 370 000,00 = + 40 000,00 €

Ventes nettes de marchandises :

500 000,00 – 14 400,00 = 485 600,00 €

Ventes nettes de produits finis :

1 880 000,00 – 16 250,00 = 1 863 750,00 €

Achats nets de matières premières :

650 000,00 – 15 300,00 = 634 700,00 €

Achats nets de marchandises :

200 000,00 – 12 400,00 = 187 600,00 €

2 – Les écritures de détermination du résultat

	31/12		
6097	Rabais, remises et ristournes obtenus sur achats de marchandises	12 400,00	
6091	Rabais, remises et ristournes obtenus sur achats de matières premières	15 300,00	
607	Achats de marchandises		12 400,00
601	Achats stockés – Matières premières		15 300,00
	Détermination des achats nets		
	d°		
707	Ventes de marchandises	14 400,00	
701	Ventes de produits finis	16 250,00	
7097	Rabais, remises et ristournes obtenus sur ventes de marchandises		14 400,00
7091	Rabais, remises et ristournes obtenus sur ventes de produits finis		16 250,00
	Détermination des ventes nettes		
	d°		
126	Transferts global des charges	1 671 600,00	
6037	Variation des stocks de marchandises (solde créditeur)	7 000,00	
601	Achats stockés – Matières premières		634 700,00
6031	Variation des stocks de matières premières (solde débiteur)		30 000,00
606	Achats non stockés		120 000,00
607	Achats de marchandises		187 600,00
613	Locations		86 000,00
615	Entretien et réparations		5 900,00
616	Primes d'assurance		12 800,00
623	Publicité, publications, relations publiques		43 800,00
624	Transports de biens		12 700,00
626	Frais postaux et de télécommunications		12 400,00
635	Autres impôts, taxes et versements assimilés (administration des impôts)		32 000,00
641	Rémunérations du personnel		260 000,00
645	Charges de sécurité sociale et de prévoyance		125 000,00
661	Charges d'intérêts		16 000,00
675	Valeurs comptables des éléments d'actif cédés		18 000,00
6811	Dotations aux amortissements des immobilisations incorporelles et corporelles		48 000,00
6817	Dotations aux dépréciations des actifs circulants		32 000,00
6866	Dotations aux dépréciations des éléments financiers		1 700,00
	Solde des comptes de charges		

	d°		
701	Ventes de produits finis	1 863 750,00	
707	Ventes de marchandises	485 600,00	
7135	Variation des stocks de produits finis (solde créditeur)	40 000,00	
708	Produits des activités annexes	97 000,00	
760	Produits financiers	26 000,00	
775	Produits des cessions d'éléments d'actif	32 000,00	
7817	Reprises sur dépréciations des actifs circulants	3 600,00	
127	Transferts global des produits		2 547 950,00
	Solde des comptes de produits		
	d°		
127	Transferts global des produits	2 547 950,00	
126	Transferts global des charges		1 671 600,00
120	Résultat de l'exercice (bénéfice)		876 350,00
	Détermination du résultat		

EXERCICE 74 Contrepassation d'écritures d'inventaire

À la clôture de l'exercice « N », le 31 décembre N des opérations de régularisation ont été enregistrées par la société Minor, il s'agit :

- *du loyer du parking payé le 1er novembre N pour les trois mois à venir : 900,00 € ;*
- *des marchandises livrées en urgence au client Bolzer le 22 décembre N pour 1 220,00 € hors taxes, TVA au taux normal, alors que la facture sera établie au cours du mois de janvier N + 1 ;*
- *d'une perte latente de change relative à une créance sur un client australien pour un montant de 304,00 € ;*
- *des intérêts annuels, payables a terme échu, d'un emprunt de 80 000,00 €, contracté le 1er septembre N ; taux d'intérêt : 5 %.*

■ *Comptabiliser les opérations nécessaires à l'ouverture de l'exercice « N + 1 ».*

CORRIGÉ

Les écritures de régularisation enregistrées à l'inventaire « N » doivent être contre-passées à l'ouverture de l'exercice « N + 1 » ; d'où les écritures suivantes :

	1/01/N + 1		
613	Locations	300,00	
486	Charges constatées d'avance		300,00
	Contrepassation : loyer d'avance du parking (900 / 3)		
	d°		
707	Ventes de marchandises	1 220,00	
44587	TCA sur factures à établir	239,12	
418	Clients – Produits non encore facturés		1 459,12
	Contrepassation de la facture à établir		
	d°		
411	Clients	304,00	
476	Différences de conversion – Actif		304,00
	Contrepassation de la perte latente sur la créance du client australien		
	d°		
1688	Intérêts courus	1 333,33	
661	Charges d'intérêts		1 333,33
	Contrepassation des intérêts courus sur emprunt : *80 000,00 x 5 % x 4 / 12 = 1 333,33*		

THÈME 26

L'impôt sur les sociétés

Exercice 75 Calcul de l'impôt sur les sociétés

La société anonyme Péron vous communique les informations suivantes pour l'exercice « N » :

– le chiffre d'affaires hors taxes est de 15 895 000,00 € ;

– la société a réalisé un bénéfice comptable de 2 816 000,00 €.

Parmi les charges de l'exercice « N » figurent :

– des contraventions au Code de la route pour 1 200,00 € ;

– les taxes sur les véhicules de sociétés : 2 440,00 € ;

– des dotations aux provisions pour amendes fiscales : 3 530,00 €.

La société a cédé, au cours de l'exercice, des titres de participation (à prépondérance immobilière) qui ont permis de dégager une plus-value de 4 920,00 € imposée au taux réduit de 19 %.

■ *Calculer le bénéfice fiscal.*

■ *Déterminer l'impôt dû.*

CORRIGÉ

1 – Le calcul du bénéfice fiscal

Le bénéfice fiscal se calcule de la manière suivante :

Bénéfice comptable + Charges non déductibles fiscalement – Produits soumis à un régime d'imposition particulier

Les contraventions, les taxes sur les véhicules de sociétés et les dotations aux provisions pour amendes fiscales doivent être réintégrées de manière extracomptable.

La cession des titres de participation (à prépondérance immobilière) est une plus-value à long terme qui doit être déduite pour être imposée au taux réduit de 16,50 %, soit :

2 816 000 + (1 200 + 2 440 + 3 530) – 4 920 = 2 818 250 €.

2 – Le calcul de l'impôt dû

	Impôt au taux normal légal	: 2 818 250 x 33,33 % =	939 323
+	Impôt au taux réduit (PVLT)	: 4 920 x 19 % =	935
=	Impôt de référence		940 258
+	Contribution sociale	: (940 258 – 763 000) 3,3 % =	5 850
=	**Impôt dû**		946 108

EXERCICE 76 Comptabilisation de l'impôt sur les sociétés

La société à responsabilité limitée Morvan est soumise à l'impôt sur les sociétés. Son bénéfice fiscal s'élève à 420 000,00 €. D'après le barème en vigueur ce jour, l'impôt forfaitaire annuel « N » à payer est de 3 750,00 € ; d'autre part, la société est exonérée de la contribution sociale.

- *Comptabiliser l'ensemble des paiements effectués relatifs à l'impôt sur les sociétés du 1er mars au 15 décembre « N », sachant que le bénéfice fiscal « N – 2 » est de 330 000,00 € et celui de « N – 1 » de 360 000,00 €.*
- *Comptabiliser la détermination de l'impôt sur les sociétés « N » ainsi que sa liquidation.*

Corrigé

1 – La comptabilisation de l'IFA et des acomptes

	1/3/N		
635	Autres impôts, taxes et versements assimilés	3 750,00	
512	Banques		3 750,00
	Paiement IFA, VIR n° …		
	15/3/N		
444	État – Impôt sur les bénéfices	27 497,00	
512	Banques		27 497,00
	Paiement du premier acompte, VIR n° … :		
	(330 000 x 33,33 %) 1 / 4		
	15/4/N		
444	État – Impôt sur les bénéfices	9 999,00	
512	Banques		9 999,00
	Liquidation IS « N – 1 » :		
	(360 000 x 33,33 %) – (330 000 x 33,33 %) = 9 999		
	VIR n° …		
	15/6/N		
444	État – Impôt sur les bénéfices	32 497,00	
512	Banques		32 497,00
	Paiement du deuxième acompte, VIR n° … :		
	[(360 000 x 33,33 %) 2 / 4] – 27 497		
	15/9/N		
444	État – Impôt sur les bénéfices	29 997,00	
512	Banques		29 997,00
	Paiement du troisième acompte, VIR n° … :		
	(360 000 x 33,33 %) 1 / 4		
	15/12/N		
444	État – Impôt sur les bénéfices	29 997,00	
512	Banques		29 997,00
	Paiement du quatrième acompte, VIR n° … :		
	(360 000 x 33,33 %) 1 / 4		

2 – La comptabilisation de la détermination de l'impôt sur les sociétés

	31/12/N		
6951	Impôts dus en France	140 000,00	
444	État – Impôt sur les bénéfices		140 000,00
	Détermination de l'IS : 420 000 x 33,33 %		
	15/4/N + 1		
444	État – Impôt sur les bénéfices	20 012,00	
512	Banques		20 012,00
	Liquidation de l'IS « N » : 140 000 – 119 988 ; VIR n°…		

THÈME 27

Les tableaux de synthèse : compte de résultat, bilan et annexe

EXERCICE 77 Compte de résultat

La société Elsa'mer, conserverie de poissons, vous communique la liste des comptes de gestion par soldes après inventaire, pour l'exercice « N » :

N°	Intitulés	Soldes débiteurs	Soldes créditeurs
6011	Achats stockés – Matières premières (et fournitures)	2 500 000	
6026	Emballages	50 000	
6031	Variation des stocks de matières premières (et fournitures)	25 000	
6032	Variation des stocks des autres approvisionnements		12 500
6037	Variation des stocks de marchandises		30 000
6061	Fournitures non stockables (eau, énergie…)	120 000	
6070	Achats de marchandises	600 000	
6091	Rabais, remises et ristournes obtenus sur achats de matières premières (et fournitures)		13 500
6122	Crédit-bail mobilier	65 000	
6132	Locations immobilières	90 000	
6226	Honoraires	250 000	
6312	Taxe d'apprentissage	400 000	
6411	Salaires, appointements	4 500 000	
6412	Congés payés	450 000	

N°	Intitulés	Soldes débiteurs	Soldes créditeurs
6450	*Charges de sécurité sociale et de prévoyance*	*2 200 000*	
6540	*Pertes sur créances irrécouvrables*	*6 500*	
6580	*Charges diverses de gestion courante*	*7 500*	
6611	*Intérêts des emprunts et dettes*	*35 000*	
6660	*Pertes de change*	*2 500*	
6750	*Valeurs comptables des éléments d'actif cédés*	*25 000*	
6811	*Dotations aux amortissements des immobilisations incorporelles et corporelles*	*252 000*	
6815	*Dotations aux provisions d'exploitation*	*15 000*	
6816	*Dotations aux dépréciations des immobilisations incorporelles et corporelles*	*8 000*	
6817	*Dotations aux dépréciations des actifs circulants*	*9 000*	
6865	*Dotations aux provisions financières*	*1 000*	
6950	*Impôts sur les bénéfices*	*100 000*	
7010	*Ventes de produits finis*		*11 027 900*
7070	*Ventes de marchandises*		*800 000*
7091	*Rabais, remises et ristournes accordés par l'entreprise sur ventes de produits finis*	*90 000*	
7135	*Variation des stocks de produits*	*78 500*	
7200	*Production immobilisée*		*35 000*
7611	*Revenus des titres de participation*		*25 000*
7670	*Produits nets sur cessions de valeurs mobilières de placement*		*6 500*
7710	*Produits exceptionnels sur opérations de gestion*		*2 600*
7750	*Produits des cessions d'éléments d'actif*		*35 000*
7815	*Reprises sur provisions d'exploitation*		*12 000*
7866	*Reprises sur dépréciations des éléments financiers*		*12 500*

■ *Présenter le compte de résultat pour l'exercice « N » en système de base.*

CORRIGÉ

1 – Les calculs préliminaires

a) Charges

Achats nets de matières premières :

Achats de matières premières	–	RRR obtenus		
2 500 000	–	13 500	=	2 486 500 €

Achats nets de matières premières et autres approvisionnements : comptes « 6011 et 6026 »

2 486 500 + 50 000 = 2 536 500 €

Variation des stocks de matières premières et autres approvisionnements :

(25 000) + (– 12 500) = 12 500 €

Autres achats et charges externes : comptes « 606, 61 et 62 »

120 000 + 65 000 + 90 000 + 250 000 = 525 000 €

Salaires et traitements : comptes « 6411 et 6412 »

4 500 000 + 450 000 = 4 950 000 €

Autres charges : comptes « 654 et 658 »

6 500 + 7 500 = 14 000 €

b) Produits

Ventes nettes de produits finis :

Ventes de produits finis	–	RRR accordés sur ventes		
11 027 900	–	90 000	=	10 937 900 €

2 – Le compte de résultat

Art. 521-3 Compte de résultat (en tableau) *(système de base)*

Voir tableaux pages suivantes.

Charges (hors taxes)	Exercice N	Exercice N – 1
Charges d'exploitation (1) :		
Achats de marchandises ***(a)***	600 000	
Variation des stocks ***(b)***	(30 000)	
Achats de matières premières et autres approvisionnements ***(a)***	2 536 500	
Variation des stocks ***(b)***	12 500	
Autres achats et charges externes *	525 000	
Impôts, taxes et versements assimilés	400 000	
Salaires et traitements	4 950 000	
Charges sociales	2 200 000	
Dotations aux amortissements et dépréciations :		
Sur immobilisations : dotations aux amortissements ***(c)***	252 000	
Sur immobilisations : dotations aux dépréciations	8 000	
Sur actif circulant : dotations aux dépréciations	9 000	
Dotations aux provisions	15 000	
Autres charges	14 000	
TOTAL I	11 492 000	
Quotes-parts de résultat sur opérations faites en commun (II)		
Charges financières :		
Dotations aux amortissements, dépréciations et provisions	1 000	
Intérêts et charges assimilées (2)	35 000	
Différences négatives de change	2 500	
Charges nettes sur cessions de valeurs mobilières de placement		
TOTAL III	38 500	
Charges exceptionnelles :		
Sur opérations de gestion		
Sur opérations en capital	25 000	
Dotations aux amortissements, dépréciations et provisions		
TOTAL IV	25 000	
Participation des salariés aux résultats (V)		
Impôts sur les bénéfices (VI)	100 000	
Total des charges (I + II + III + IV + V + VI)	11 655 500	
Solde créditeur = **bénéfice** (3)	132 500	
TOTAL GÉNÉRAL	11 788 000	
* Y compris :		
– redevances de crédit-bail mobilier		
– redevances de crédit-bail immobilier		
(1) Dont charges afférentes à des exercices antérieurs. Les conséquences des corrections d'erreurs significatives, calculées après impôt, sont présentées sur une ligne séparée sauf s'il s'agit de corriger une écriture ayant été directement imputée sur les capitaux propres		
(2) Dont intérêts concernant les entités liées		
(3) Compte tenu d'un résultat exceptionnel avant impôts de		

(a) Y compris droits de douane.

(b) Stock initial moins stock final : montant de la variation en moins entre parenthèses ou précédé du signe (–).

(c) Y compris éventuellement dotations aux amortissements des charges à répartir.

Produits (hors taxes)	**Exercice N**	**Exercice N – 1**
Produits d'exploitation (1) :		
Ventes de marchandises	800 000	
Production vendue [biens et services] ***(a)***	10 937 900	
Sous-total A – Montant net du chiffre d'affaires	11 737 900	
dont à l'exportation		
Production stockée ***(b)***	(78 500)	
Production immobilisée	35 000	
Subventions d'exploitation		
Reprises sur dépréciations, provisions (et amortissements), transferts de charges	12 000	
Autres produits		
Sous-total B	(31 500)	
TOTAL I (A + B)	11 706 400	
Quotes-parts de résultat sur opérations faites en commun (II)		
Produits financiers :		
De participation (2)	25 000	
D'autres valeurs mobilières et créances de l'actif immobilisé (2)		
Autres intérêts et produits assimilés (2)		
Reprises sur dépréciations et provisions, transferts de charges	12 500	
Différences positives de change		
Produits nets sur cessions de valeurs mobilières de placement	6 500	
TOTAL III	44 000	
Produits exceptionnels :		
Sur opérations de gestion	2 600	
Sur opérations en capital	35 000	
Reprises sur dépréciations et provisions, transferts de charges		
TOTAL IV	37 600	
Total des produits (I + II + III + IV)	11 788 000	
Solde débiteur = **perte** (3)		
TOTAL GÉNÉRAL	11 788 000	
(1) Dont produits afférents à des exercices antérieurs. Les conséquences des corrections d'erreurs significatives, calculées après impôt, sont présentées sur une ligne séparée sauf s'il s'agit de corriger une écriture ayant été directement imputée sur les capitaux propres (2) Dont produits concernant les entités liées (3) Compte tenu d'un résultat exceptionnel avant impôts de		

(a) À inscrire, le cas échéant, sur des lignes distinctes.
(b) Stock final moins stock initial : montant de la variation en moins entre parenthèses ou précédé du signe (–).

EXERCICE 78 Bilan

La société Lasido commercialise des instruments de musique. Elle a procédé aux travaux d'inventaire pour clôturer l'exercice « N ».

La liste des comptes de bilan et leur solde après inventaire sont les suivants :

N°	Intitulés	Soldes débiteurs	Soldes créditeurs
101	*Capital social*		*120 000*
1068	*Autres réserves*		*50 685*
1431	*Provisions pour hausse des prix*		*6 420*
1572	*Provisions pour gros entretien ou grandes révisions*		*48 000*
164	*Emprunts auprès des établissements de crédit*		*36 000*
16884	*Intérêts courus sur emprunts auprès des établissements de crédit*		*2 160*
201	*Frais d'établissement*	*27 000*	
205	*Concessions et droits similaires, brevets, licences, marques, procédés, logiciels, droits et valeurs*	*2 100*	
211	*Terrains*	*25 380*	
213	*Constructions*	*150 000*	
2182	*Matériel de transport*	*13 800*	
2183	*Matériel de bureau et matériel informatique*	*5 400*	
2184	*Mobilier*	*3 200*	
261	*Titres de participation*	*43 800*	
273	*Titres immobilisés de l'activité de portefeuille*	*4 800*	
2801	*Amortissements des frais d'établissement*		*18 900*
2805	*Amortissements des concessions et droits similaires, brevets, licences, marques, procédés, logiciels, droits et valeurs*		*510*
2813	*Amortissements des constructions*		*95 000*
28182	*Amortissements du matériel de transport*		*3 416*
28183	*Amortissements du matériel de bureau et matériel informatique*		*3 200*
28184	*Amortissements du mobilier*		*2 240*
2913	*Dépréciations des constructions*		*32 500*
2961	*Dépréciations des titres de participation*		*9 600*
2973	*Dépréciations des titres immobilisés de l'activité de portefeuille*		*200*

N°	Intitulés	Soldes débiteurs	Soldes créditeurs
37	*Stocks de marchandises*	*179 244*	
397	*Dépréciations des stocks de marchandises*		*1 690*
401	*Fournisseurs*		*76 200*
404	*Fournisseurs d'immobilisations*		*1 500*
408	*Fournisseurs – Factures non parvenues*		*7 477*
4098	*Rabais, remises et ristournes à obtenir et autres avoirs non encore reçus*	*2 460*	
411	*Clients*	*101 350*	
416	*Clients douteux*	*4 167*	
418	*Clients – Produits non encore facturés*	*897*	
4284	*Dettes provisionnées pour congés à payer*		*2 100*
430	*Sécurité sociale et autres organismes*		*8 100*
444	*État – Impôts sur les bénéfices*		*800*
44551	*TVA à décaisser*		*9 395*
44586	*TCA sur factures non parvenues*	*1 225*	
486	*Charges constatées d'avance*	*2 877*	
491	*Dépréciations des comptes clients*		*1 042*
512	*Banques*	*3 995*	
519	*Concours bancaires courants*		*9 960*
530	*Caisse*	*590*	

■ *Présenter le bilan pour l'exercice « N » en système de base.*

CORRIGÉ

1 – Les calculs préliminaires

a) Actif

Valeur nette comptable des constructions :

Solde débiteur du compte « 213 »	–	Soldes créditeurs des comptes « 2813 et 2913 »	
150 000	–	(95 000 + 32 500)	= 22 500 €

Autres immobilisations corporelles : comptes « 2182, 2183 et 2184 »

13 800 + 5 400 + 3 200 = 22 400 €

Amortissements à déduire des autres immobilisations corporelles : comptes « 28182, 28183 et 28184 »

3 416 + 3 200 + 2 240 = 8 856 €

Créances clients et comptes rattachés : comptes « 411, 416 et 4181 »

101 350 + 4 167 + 897 = 106 414 €

Autres créances : comptes « 44586 + 4098 »

1 225 + 2 460 = 3 685 €

Disponibilités : comptes « 512 et 530 »

3 995 + 590 = 4 585 €

b) Passif

Emprunts et dettes auprès des établissements de crédit : comptes « 164, 1688 et 519 »

36 000 + 2 160 + 9 960 = 48 120 €

Dettes fournisseurs et comptes rattachés : comptes « 401 et 4081 »

76 200 + 7 477 = 83 677 €

Dettes fiscales et sociales : comptes « 4284, 430, 444 et 44551 »

2 100 + 8 100 + 800 + 9 395 = 20 395 €

2 – Le bilan

Art. 521-1 *(suite)* **Modèle de bilan (en tableau) (avant répartition)** *(système de base)*

Voir tableau page ci-contre.

ACTIF	Exercice N – Brut	Exercice N – Amortissements et dépréciations (à déduire)	Exercice N – Net	Exercice N – 1 – Net
Capital souscrit - non appelé				
ACTIF IMMOBILISÉ ***(a)*** :				
Immobilisations incorporelles :				
Frais d'établissement	27 000	18 900	8 100	
Frais de recherche et de développement				
Concessions, brevets, licences, marques, procédés, logiciels, droits et valeurs similaires	2 100	510	1 590	
Fonds commercial (1)				
Autres				
Immobilisations incorporelles en cours				
Avances et acomptes				
Immobilisations corporelles :				
Terrains	25 380		25 380	
Constructions	150 000	127 500	22 500	
Installations techniques, matériel et outillage industriels				
Autres	22 400	8 856	13 544	
Immobilisations corporelles en cours				
Avances et acomptes				
Immobilisations financières (2) :				
Participations ***(b)***	43 800	9 600	34 200	
Créances rattachées à des participations	4 800	200	4 600	
Titres immobilisés de l'activité de portefeuille				
Autres titres immobilisés				
Prêts				
Autres				
Total I	275 480	165 566	109 914	
ACTIF CIRCULANT :				
Stocks et en-cours ***(a)*** :				
Matières premières et autres approvisionnements				
En-cours de production [biens et services] ***(c)***				
Produits intermédiaires et finis				
Marchandises	179 244	1 690	177 554	
Avances et acomptes versés sur commandes				
Créances (3) :				
Créances Clients (a) et Comptes rattachés ***(d)***	106 414	1 042	105 372	
Autres	3 685		3 685	
Capital souscrit - appelé, non versé				
Valeurs mobilières de placement ***(e)*** :				
Actions propres				
Autres titres				
Instruments de trésorerie				
Disponibilités	4 585		4 585	
Charges constatées d'avance (3)	2 877		2 877	
Total II	296 805	2 732	294 073	
Charges à répartir sur plusieurs exercices **(III)**				
Primes de remboursement des emprunts **(IV)**				
Écarts de conversion Actif **(V)**				
TOTAL GÉNÉRAL (I + II + III + IV + V)	572 285	168 298	403 987	
(1) Dont droit au bail				
(2) Dont à moins d'un an (brut)				
(3) Dont à plus d'un an (brut)				

(a) Les actifs avec clause de réserve de propriété sont regroupés sur une ligne distincte portant la mention « dont ... avec clause de réserve de propriété ». En cas d'impossibilité d'identifier les biens, un renvoi au pied du bilan indique le montant restant à payer sur ces biens. Le montant à payer comprend celui des effets non échus. ***(b)*** Si des titres sont évalués par équivalence, ce poste est subdivisé en deux sous-postes « Participations évaluées par équivalence » et « Autres participations ». Pour les titres évalués par équivalence, la colonne « Brut » présente la valeur globale d'équivalence si elle est supérieure au coût d'acquisition. Dans le cas contraire, le prix d'acquisition est retenu. La dépréciation globale du portefeuille figure dans la 2e colonne. La colonne « Net » présente la valeur globale d'équivalence positive ou une valeur nulle. ***(c)*** À ventiler, le cas échéant, entre biens, d'une part, et services d'autre part. ***(d)*** Créances résultant de ventes ou de prestations de services. ***(e)*** Poste à servir directement s'il n'existe pas de rachat par l'entité de ses propres actions.

PASSIF	**Exercice N**	**Exercice N – 1**
CAPITAUX PROPRES *		
Capital [dont versé...] ***(a)***	120 000	
Primes d'émission, de fusion, d'apport		
Écarts de réévaluation ***(b)***		
Écart d'équivalence ***(c)***		
Réserves :		
Réserve légale		
Réserves statutaires ou contractuelles		
Réserves réglementées		
Autres	50 685	
Report à nouveau ***(d)***		
Résultat de l'exercice [bénéfice ou perte] *(e)*	25 190	
Subventions d'investissement		
Provisions réglementées	6 420	
Total I	202 295	
PROVISIONS		
Provisions pour risques		
Provisions pour charges	48 000	
Total II	48 000	
DETTES (1) ***(g)***		
Emprunts obligataires convertibles		
Autres emprunts obligataires		
Emprunts et dettes auprès des établissements de crédit (2)	48 120	
Emprunts et dettes financières diverses (3)		
Avances et acomptes reçus sur commandes en cours		
Dettes Fournisseurs et Comptes rattachés ***(f)***	83 677	
Dettes fiscales et sociales	20 395	
Dettes sur immobilisations et Comptes rattachés	1 500	
Autres dettes		
Instruments de trésorerie		
Produits constatés d'avance (1)		
Total III	153 692	
Écarts de conversion Passif **(IV)**		
TOTAL GÉNÉRAL (I + II + III + IV)	403 987	
(1) Dont à plus d'un an		
Dont à moins d'un an		
(2) Dont concours bancaires courants et soldes créditeurs de banques		
(3) Dont emprunts participatifs		

*Le cas échéant, une rubrique « Autres fonds propres » est intercalée entre la rubrique « Capitaux propres » et la rubrique « Provisions » avec ouverture des postes constitutifs de cette rubrique sur des lignes séparées (montant des émissions de titres participatifs, avances conditionnées...). Un total I *bis* fait apparaître le montant des autres fonds propres entre le total I et le total II du passif du bilan. Le total général est complété en conséquence.
(a) Y compris capital souscrit non appelé. ***(b)*** À détailler conformément à la législation en vigueur. ***(c)*** Poste à présenter lorsque des titres sont évalués par équivalence. ***(d)*** Montant entre parenthèses ou précédé du signe moins (–) lorsqu'il s'agit de pertes reportées. ***(e)*** Montant entre parenthèses ou précédé du signe moins (–) lorsqu'il s'agit d'une perte. ***(f)*** Dettes sur achats ou prestations de services. ***(g)*** À l'exception, pour l'application du (1), des avances et acomptes reçus sur commandes en cours.

EXERCICE 79 Annexe

La société Huet vous communique les informations suivantes :

Annexe 1 : opérations de l'exercice

Une machine outil a été cédée le 15 octobre N pour 28 520,00 € hors taxes. Elle a été acquise 25 300,00 € hors taxes et amortie pour 15 180,00 €.

L'entreprise a acquis le 23 avril N une photocopieuse pour 4 140,00 € hors taxes.

Une provision de 4 600,00 € a été constituée, à l'inventaire « N », pour une amende fiscale à la suite d'un contrôle fiscal.

La société a été condamnée, en mars N, à verser des dommages et intérêts à un salarié pour 5 000,00 €. Une provision de 5 520,00 € avait été constituée en « N – 1 ».

La valeur actuelle du stock de marchandises à l'inventaire « N » est de 71 300,00 €. Le stock initial n'a fait l'objet d'aucune dépréciation.

La société a constaté, pour la première fois à l'inventaire « N », une dépréciation des titres immobilisés pour 1 742,00 €.

Le 10 novembre N, un client douteux a réglé sa dette pour solde, par chèque bancaire d'un montant de 1 010,62 €. Le risque de perte au 31 décembre N – 1 était évalué à 40 %. Aucune autre opération relative aux créances douteuses n'a été comptabilisée.

Annexe 2 : tableaux de synthèse

Art. 521-3 Compte de résultat (en tableau) *(système de base)*

Voir tableaux pages suivantes.

Charges (hors taxes)	Exercice N	Exercice N – 1
Charges d'exploitation (1) :		
Achats de marchandises ***(a)***	161 943	
Variation des stocks ***(b)***	(28 957)	
Achats de matières premières et autres approvisionnements ***(a)***		
Variation des stocks ***(b)***		
Autres achats et charges externes *	13 455	
Impôts, taxes et versements assimilés	10 580	
Salaires et traitements	13 596	
Charges sociales	12 302	
Dotations aux amortissements et dépréciations :		
Sur immobilisations : dotations aux amortissements ***(c)***	23 242	
Sur immobilisations : dotations aux dépréciations		
Sur actif circulant : dotations aux dépréciations	6 417	
Dotations aux provisions		
Autres charges	2 537	
TOTAL I	215 115	
Quotes-parts de résultat sur opérations faites en commun (II)		
Charges financières :		
Dotations aux amortissements, dépréciations et provisions	1 742	
Intérêts et charges assimilées (2)	8 749	
Différences négatives de change		
Charges nettes sur cessions de valeurs mobilières de placement		
TOTAL III	10 491	
Charges exceptionnelles :		
Sur opérations de gestion	4 600	
Sur opérations en capital	10 120	
Dotations aux amortissements, dépréciations et provisions	4 600	
TOTAL IV	19 320	
Participation des salariés aux résultats (V)		
Impôts sur les bénéfices (VI)		
Total des charges (I + II + III + IV + V + VI)	244 926	
Solde créditeur = **bénéfice** (3)	105 279	
TOTAL GÉNÉRAL	350 205	
* Y compris :		
– redevances de crédit-bail mobilier		
– redevances de crédit-bail immobilier		
(1) Dont charges afférentes à des exercices antérieurs. Les conséquences des corrections d'erreurs significatives, calculées après impôt, sont présentées sur une ligne séparée sauf s'il s'agit de corriger une écriture ayant été directement imputée sur les capitaux propres		
(2) Dont intérêts concernant les entités liées		
(3) Compte tenu d'un résultat exceptionnel avant impôts de		

(a) Y compris droits de douane.
(b) Stock initial moins stock final : montant de la variation en moins entre parenthèses ou précédé du signe (-).
(c) Y compris éventuellement dotations aux amortissements des charges à répartir.

Produits (hors taxes)	Exercice N	Exercice N – 1
Produits d'exploitation (1) :		
Ventes de marchandises	306 771	
Production vendue [biens et services] ***(a)***	6 767	
Sous-total A – Montant net du chiffre d'affaires	313 538	
dont à l'exportation		
Production stockée ***(b)***		
Production immobilisée		
Subventions d'exploitation		
Reprises sur dépréciations, provisions (et amortissements), transferts de charges...	338	
Autres produits		
Sous-total B	338	
TOTAL I (A + B)	313 876	
Quotes-parts de résultat sur opérations faites en commun (II)		
Produits financiers :		
De participation (2)		
D'autres valeurs mobilières et créances de l'actif immobilisé (2)		
Autres intérêts et produits assimilés (2)	725	
Reprises sur dépréciations et provisions, transferts de charges	1 564	
Différences positives de change		
Produits nets sur cessions de valeurs mobilières de placement		
TOTAL III	2 289	
Produits exceptionnels :		
Sur opérations de gestion		
Sur opérations en capital	28 520	
Reprises sur dépréciations et provisions, transferts de charges	5 520	
TOTAL IV	34 040	
Total des produits (I + II + III + IV)	350 205	
Solde débiteur = **perte** (3)		
TOTAL GÉNÉRAL	350 205	
(1) Dont produits afférents à des exercices antérieurs. Les conséquences des corrections d'erreurs significatives, calculées après impôt, sont présentées sur une ligne séparée sauf s'il s'agit de corriger une écriture ayant été directement imputée sur les capitaux propres		
(2) Dont produits concernant les entités liées		
(3) Compte tenu d'un résultat exceptionnel avant impôts de		

(a) À inscrire, le cas échéant, sur des lignes distinctes.
(b) Stock final moins stock initial : montant de la variation en moins entre parenthèses ou précédé du signe (–).

Art. 521-1 *(suite)* Modèle de bilan (en tableau) (avant répartition) *(système de base)*

Voir tableaux pages suivantes.

ACTIF	Exercice N			Exercice N – 1
	Brut	Amortissements et dépréciations (à déduire)	Net	Net
Capital souscrit - non appelé				
ACTIF IMMOBILISÉ ***(a)*** :				
Immobilisations incorporelles :				
Frais d'établissement				
Frais de recherche et de développement				
Concessions, brevets, licences, marques, procédés, logiciels, droits et valeurs similaires				
Fonds commercial (1)				
Autres				
Immobilisations incorporelles en cours				
Avances et acomptes				
Immobilisations corporelles :				
Terrains				
Constructions				
Installations techniques, matériel et outillage industriels	117 300	37 490	79 810	
Autres	64 170	12 466	51 704	
Immobilisations corporelles en cours				
Avances et acomptes				
Immobilisations financières (2) :				
Participations ***(b)***				
Créances rattachées à des participations				
Titres immobilisés de l'activité de portefeuille	7 262	1 742	5 520	
Autres titres immobilisés				
Prêts				
Autres	2 760		2 760	
Total I	191 492	51 698	139 794	
ACTIF CIRCULANT :				
Stocks et en-cours ***(a)*** :				
Matières premières et autres approvisionnements				
En-cours de production [biens et services] ***(c)***				
Produits intermédiaires et finis				
Marchandises	77 717	6 417	71 300	
Avances et acomptes versés sur commandes				
Créances (3) :				
Créances Clients (a) et Comptes rattachés ***(d)***	81 957	2 884	79 073	
Autres	805		805	
Capital souscrit - appelé, non versé				
Valeurs mobilières de placement ***(e)*** :				
Actions propres				
Autres titres				
Instruments de trésorerie				
Disponibilités	23 667		23 667	
Charges constatées d'avance (3)	1 035		1 035	
Total II	185 181	9 301	175 880	
Charges à répartir sur plusieurs exercices **(III)**				
Primes de remboursement des emprunts **(IV)**				
Écarts de conversion Actif **(V)**				
TOTAL GÉNÉRAL (I + II + III + IV + V)	376 673	60 999	315 674	

(1) Dont droit au bail (2) Dont à moins d'un an (brut) (3) Dont à plus d'un an (brut)		

(a) Les actifs avec clause de réserve de propriété sont regroupés sur une ligne distincte portant la mention « dont ... avec clause de réserve de propriété ». En cas d'impossibilité d'identifier les biens, un renvoi au pied du bilan indique le montant restant à payer sur ces biens. Le montant à payer comprend celui des effets non échus. ***(b)*** Si des titres sont évalués par équivalence, ce poste est subdivisé en deux sous-postes « Participations évaluées par équivalence » et « Autres participations ». Pour les titres évalués par équivalence, la colonne « Brut » présente la valeur globale d'équivalence si elle est supérieure au coût d'acquisition. Dans le cas contraire, le prix d'acquisition est retenu. La dépréciation globale du portefeuille figure dans la 2e colonne. La colonne « Net » présente la valeur globale d'équivalence positive ou une valeur nulle. ***(c)*** À ventiler, le cas échéant, entre biens, d'une part, et services d'autre part. ***(d)*** Créances résultant de ventes ou de prestations de services. ***(e)*** Poste à servir directement s'il n'existe pas de rachat par l'entité de ses propres actions.

PASSIF	Exercice N	Exercice N – 1
CAPITAUX PROPRES *		
Capital [dont versé...] ***(a)***	138 000	
Primes d'émission, de fusion, d'apport		
Écarts de réévaluation ***(b)***		
Écart d'équivalence ***(c)***		
Réserves :		
Réserve légale		
Réserves statutaires ou contractuelles		
Réserves réglementées		
Autres		
Report à nouveau ***(d)***		
Résultat de l'exercice [bénéfice ou perte] *(e)*	105 279	
Subventions d'investissement		
Provisions réglementées		
Total I	243 279	
PROVISIONS		
Provisions pour risques	4 600	
Provisions pour charges		
Total II	4 600	
DETTES (1) ***(g)***		
Emprunts obligataires convertibles		
Autres emprunts obligataires		
Emprunts et dettes auprès des établissements de crédit (2)		
Emprunts et dettes financières diverses (3)		
Avances et acomptes reçus sur commandes en cours		
Dettes Fournisseurs et Comptes rattachés ***(f)***	52 900	
Dettes fiscales et sociales	12 733	
Dettes sur immobilisations et Comptes rattachés	2 162	
Autres dettes		
Instruments de trésorerie		
Produits constatés d'avance (1)		
Total III	67 795	
Écarts de conversion Passif **(IV)**		
TOTAL GÉNÉRAL (I + II + III + IV)	315 674	
(1) Dont à plus d'un an		
Dont à moins d'un an		
(2) Dont concours bancaires courants et soldes créditeurs de banques		
(3) Dont emprunts participatifs		

*Le cas échéant, une rubrique « Autres fonds propres » est intercalée entre la rubrique « Capitaux propres » et la rubrique « Provisions » avec ouverture des postes constitutifs de cette rubrique sur des lignes séparées (montant des émissions de titres participatifs, avances conditionnées...). Un total I *bis* fait apparaître le montant des autres fonds propres entre le total I et le total II du passif du bilan. Le total général est complété en conséquence.
(a) Y compris capital souscrit non appelé. ***(b)*** À détailler conformément à la législation en vigueur. ***(c)*** Poste à présenter lorsque des titres sont évalués par équivalence. ***(d)*** Montant entre parenthèses ou précédé du signe moins (–) lorsqu'il s'agit de pertes reportées. ***(e)*** Montant entre parenthèses ou précédé du signe moins (–) lorsqu'il s'agit d'une perte. ***(f)*** Dettes sur achats ou prestations de services. ***(g)*** À l'exception, pour l'application du (1), des avances et acomptes reçus sur commandes en cours.

CORRIGÉ

1 – Le tableau des immobilisations

Art. 532-1 Tableau des immobilisations

I. Cadre général

Situations et mouvements (b) / Rubriques (a)	A	B	C	D
	Valeur brute à l'ouverture de l'exercice	Augmentations	Diminutions	Valeur brute à la clôture de l'exercice (c)
Immobilisations incorporelles				
Immobilisations corporelles	202 630	4 140	25 300	181 470
Immobilisations financières	10 022			10 022
Total	212 652	4 140	25 300	191 492

(a) À développer si nécessaire selon la nomenclature des postes du bilan. Lorsqu'il existe des frais d'établissement, ils doivent faire l'objet d'une ligne séparée.
(b) Les entités subdivisent les colonnes pour autant que de besoin [cf. ci-dessous développement des colonnes B (augmentations) et C (diminutions)].
(c) La valeur brute à la clôture de l'exercice est la somme algébrique des colonnes précédentes (A + B – C = D).

Pour chaque ligne du tableau, l'égalité suivante doit être respectée :

$$A + B - C = D$$

Immobilisations corporelles :

B = acquisition de la photocopieuse : 4 140 €

C = annulation de la machine outil : 25 300 €

D = valeur brute au bilan exercice « N » : 181 470 €

A = valeur brute au bilan exercice « N – 1 » :

= D + C – B

= 181 470 +25 300 – 4 140 = 202 630 €

Immobilisations financières : aucune variation au cours de l'exercice « N », donc :

$$A = D$$

2 – Le tableau des amortissements

Art. 532-2.1 Tableau des amortissements

I. Cadre général

Situations et mouvements (b) / Rubriques (a)	A	B	C	D
	Amortissements cumulés au début de l'exercice	**Augmentations Dotations de l'exercice**	**Diminutions d'amortissements de l'exercice**	**Amortissements cumulés à la fin de l'exercice (c)**
Immobilisations incorporelles .... Immobilisations corporelles .... Immobilisations financières	41 894	23 242	15 180	49 956
Total	41 894	23 242	15 180	49 956

(a) À développer si nécessaire selon la même nomenclature que celle du tableau des immobilisations.
(b) Les entités subdivisent les colonnes pour autant que de besoin [cf. ci-dessous développement des colonnes B (augmentations) et C (diminutions)].
(c) Les amortissements cumulés à la fin de l'exercice sont égaux à la somme algébrique des colonnes précédentes (A + B – C = D).

Pour chaque ligne du tableau, l'égalité suivante doit être respectée :

$$A + B - C = D$$

Seule la ligne immobilisations corporelles est concernée :

Immobilisations corporelles :

B = dotations de l'exercice : poste au compte de résultat : charges d'exploitation, dotations aux amortissements sur immobilisations : 23 242 €

C = annulation des amortissements de la machine outil : 15 180 €

D = amortissements à déduire au bilan exercice « N » :

37 490 + 12 466 = 49 956 €

A = amortissements cumulés des immobilisations corporelles au 31/12/N – 1 :

= D + C – B

= 49 956 + 15 180 – 23 242 = 41 894 €

3 – Le tableau des dépréciations

Art. 532-2.2 Tableau des dépréciations

I. Cadre général

Situations et mouvements (b) / Rubriques (a)	A Dépréciations au début de l'exercice	B Augmentations Dotations de l'exercice	C Diminutions Reprises de l'exercice	D Dépréciations à la fin de l'exercice (c)
Immobilisations incorporelles				
Immobilisations corporelles				
Immobilisations financières		1 742		1 742
Stocks		6 417		6 417
Créances	3 222		338	2 884
Total	3 222	8 159	338	11 043

(a) À développer si nécessaire.
(b) Les entités subdivisent les colonnes pour autant que de besoin.
(c) Le montant des dépréciations à la fin de l'exercice est égal à la somme algébrique des colonnes précédentes (A + B – C = D).

Pour chaque ligne du tableau, l'égalité suivante doit être respectée :

$$A + B - C = D$$

Dépréciations :

B = constitution des dépréciations pour les stocks de marchandises et les titres immobilisés. Dotations de l'exercice : postes au compte de résultat :

- charges d'exploitation, dotations aux dépréciations sur actif circulant : 6 417 €
- charges financières, dotations aux dépréciations : 1 742 €

= 6 417 + 1 742 = 8 159 €

C = annulation de la dépréciation du client douteux : (1 010,62/1,196) 40 % = 338 €

Reprises de l'exercice : poste au compte de résultat : produits d'exploitation, reprises sur dépréciations : 338 €

D = dépréciations à déduire au bilan exercice « N » :
1 742 + 6 417 + 2 884 = 11 043 €

A = dépréciations à déduire au 31 décembre N – 1 pour les créances :
= D + C – B
= 2 884 + 338 = 3 222 €

4 – Le tableau des provisions

Art. 532-3 Tableau des provisions

I. Cadre général

Situations et mouvements (b) / Rubriques (a)	A	B	C		D
	Provisions au début de l'exercice	**Augmentations Dotations de l'exercice**	**Diminutions**		**Provisions à la fin de l'exercice (c)**
			Montants utilisés au cours de l'exercice	**Montants non utilisés repris au cours de l'exercice**	
Provisions réglementées .... Provisions pour risques .... Provisions pour charges	5 520	4 600		5 520	4 600
Total	5 520	4 600		5 520	4 600

(a) À développer si nécessaire (le cas échéant, il convient de mettre en évidence entre autres les provisions pour pensions et obligations similaires, les provisions pour impôts, les provisions pour renouvellement des immobilisations concédées…).
(b) Les entités subdivisent les colonnes pour autant que de besoin [cf. ci-dessous développement des colonnes B (augmentations) et C (diminutions)].
(c) Le montant des provisions à la fin de l'exercice est égal à la somme algébrique des colonnes précédentes (A + B – C = D).

Pour chaque ligne du tableau, l'égalité suivante doit être respectée :

$$A + B - C = D$$

Provisions pour risques :

B = constitution de la provision pour amende fiscale. Dotations de l'exercice : poste au compte de résultat : charges exceptionnelles, dotations aux amortissements et aux provisions : 4 600 €

C = annulation de la provision pour litige avec le salarié. Reprises de l'exercice : poste au compte de résultat : produits exceptionnels, reprises sur provisions : 5 520 €

D = poste provisions pour risques au bilan exercice « N » : 4 600 €

A = poste provisions pour risques au bilan exercice « N – 1 » :

= **D + C – B**

= 4 600 + 5 520 – 4 600 = 5 520 €

THÈME 28

Révision des opérations de fin d'exercice

Les QCM sont des questions à choix multiple. À chaque question posée, il vous est proposé différentes réponses parmi lesquelles il vous faut cocher une réponse juste, plusieurs réponses justes, voire, pour certaines questions, toutes les réponses. Ce sont donc des questions fermées auxquelles vous devez répondre rapidement avec un temps de réflexion limité.

EXERCICE 80 22 questions à choix multiple

1 – *Un actif amortissable est un actif dont l'utilisation par l'entreprise est :*

❒ a. déterminable

❒ b. indéterminable

2 – *Le mode d'amortissement est toujours calculé en fonction d'unités de temps :*

❒ a. vrai

❒ b. faux

3 – *Répondez aux affirmations suivantes :*

Affirmations	Vrai	Faux
Une immobilisation totalement amortie figure au bilan	❐ a.	❐ b.
Une immobilisation totalement amortie est mise au rebut	❐ c.	❐ d.
Tous les biens amortissables peuvent être admis fiscalement à l'amortissement dégressif	❐ e.	❐ f.
Sur le plan comptable comme sur le plan fiscal, la valeur résiduelle doit être déduite de la valeur brute pour déterminer la base amortissable	❐ g.	❐ h.

4 – *Une dépréciation relative aux immobilisations incorporelles et corporelles doit être constatée :*

❐ a. lorsqu'il existe un indice de perte de valeur
❐ b. à la suite d'un test de dépréciation
❐ c. si la valeur actuelle est inférieure à la valeur nette comptable
❐ d. si la valeur d'usage est supérieure à la valeur nette comptable

5 – *La valeur nette comptable d'un actif amortissable après reprise d'une dépréciation est plafonnée à hauteur de la valeur nette comptable qui aurait été calculée si l'actif n'avait subi aucune dépréciation sur les exercices antérieurs :*

❐ a. vrai
❐ b. faux

6 – *Les dépréciations et les provisions sont rapportées au résultat quand elles n'ont plus d'objet :*

❐ a. vrai
❐ b. faux

7 – *Répondez aux affirmations suivantes :*

Proposition	Vrai	Faux
Les dépréciations pour créances douteuses se calculent sur le montant toutes taxes comprises	❐ a.	❐ b.
Les dépréciations et les provisions pour risques et charges ont un caractère définitif	❐ c.	❐ d.
Les amortissements dérogatoires font partie des provisions réglementées	❐ e.	❐ f.
Il est obligatoire de constater les clients défaillants dans le compte « 416 Clients douteux »	❐ g.	❐ h.
L'entreprise estime à 40 % une perte probable sur une créance douteuse ; elle doit constituer une dépréciation de 60 %	❐ i.	❐ j.
L'entreprise peut constituer une dépréciation sur une créance définitivement irrécouvrable	❐ k.	❐ l.

8 – *La TVA initialement collectée sur une créance devenue irrécouvrable est récupérable :*

❐ a. vrai

❐ b. faux

9 – *Lorsque la valeur du titre à l'inventaire est supérieure à la valeur d'acquisition, il faut :*

❐ a. solder les dépréciations constituées précédemment, s'il y a lieu

❐ b. comptabiliser la plus-value constatée

❐ c. ne passer aucune écriture

10 – *La provision pour hausse des prix relative aux stocks représente :*

❐ a. une provision pour risques et charges

❐ b. une provision réglementée

❐ c. une dépréciation d'actif

11 – *Une variation négative des stocks de produits finis, signifie que :*

❐ a. le stock final est inférieur au stock initial
❐ b. l'entreprise est en situation de surstockage
❐ c. la production de l'exercice est inférieure à la production vendue
❐ d. le solde du compte « 7135 Variation des stocks de produits » est créditeur

12 – *Une différence de conversion actif représente :*

❐ a. un gain de change latent pour l'entreprise
❐ b. une perte de change latente pour l'entreprise

13 – *Lorsque l'entreprise cède une immobilisation totalement amortie :*

❐ a. elle doit constater une perte de patrimoine
❐ b. la valeur d'origine est égale aux amortissements cumulés
❐ c. la valeur nette comptable est nulle
❐ d. il est nécessaire de comptabiliser une dotation complémentaire

14 – *La comptabilisation de charges constatées d'avance nécessite une régularisation de la TVA déductible :*

❐ a. vrai
❐ b. faux

15 – *Parmi les affirmations suivantes, cochez celles qui vous semblent vraies :*

❐ a. l'impôt forfaitaire annuel est devenu une charge déductible pour les exercices ouverts depuis le 1er janvier 2006
❐ b. le taux réduit d'impôt sur les sociétés de 15 % des PME s'applique sur la totalité du bénéfice imposable
❐ c. la contribution sociale est de 3,3 % du montant de l'impôt sur les sociétés calculé sur le bénéfice imposable au taux normal (33 1/3 %)
❐ d. aucun acompte n'est dû si l'impôt sur les sociétés de référence est inférieur à 3 000 euros

16 – *Parmi ces affirmations, lesquelles sont vraies ?*

❒ a. les comptes de charges et de produits sont remis à zéro en début d'exercice

❒ b. les comptes d'actif et de passif sont remis à zéro en début d'exercice

❒ c. tous les comptes de la comptabilité générale sont remis à zéro en début d'exercice

❒ d. les soldes des comptes d'actif et de passif sont repris d'un exercice à l'autre

17 – *La colonne « Amortissements et dépréciations à déduire » de l'actif du bilan comprend :*

❒ a. les soldes créditeurs des comptes « 28 Amortissements des immobilisations » et « 29, 39, 49, 59 Dépréciation des … »

❒ b. les dépréciations annuelles des biens et des créances

❒ c. les dépréciations cumulées à la fin de l'exercice, depuis l'entrée des biens ou des créances dans le patrimoine

18 – *Toutes les entreprises sont astreintes au dépôt des comptes annuels au Greffe du Tribunal de Commerce :*

❒ a. vrai

❒ b. faux

19 – *Quelles sont les égalités vraies :*

❒ a. Actif + Passif = Produits + Charges

❒ b. Actif – Passif = Produits – Charges

❒ c. Actif – Charges = Passif – Produits

❒ d. Actif + Charges = Passif + Produits

❒ e. Emplois = Ressources

20 – *Cochez les bonnes affirmations concernant la structure du tableau des immobilisations :*

Art. 532-1 Tableau des immobilisations

I. Cadre général

Rubriques (a) / Situations et mouvements (b)	A	B	C	D
	Valeur brute à l'ouverture de l'exercice	**Augmentations**	**Diminutions**	**Valeur brute à la clôture de l'exercice (c)**
Immobilisations incorporelles .... Immobilisations corporelles .... Immobilisations financières				
Total				

(a) À développer si nécessaire selon la nomenclature des postes du bilan. Lorsqu'il existe des frais d'établissement, ils doivent faire l'objet d'une ligne séparée.
(b) Les entités subdivisent les colonnes pour autant que de besoin [cf. ci-dessous développement des colonnes B (augmentations) et C (diminutions)].
(c) La valeur brute à la clôture de l'exercice est la somme algébrique des colonnes précédentes (A + B – C = D).

❒ a. les valeurs portées dans la colonne « **C** » correspondent au solde créditeur du compte « 775 Produits des cessions d'éléments d'actif »

❒ b. les valeurs portées dans la colonne « **A** » correspondent aux soldes débiteurs des comptes d'immobilisations figurant dans la balance avant inventaire

❒ c. les valeurs portées dans la colonne « **B** » correspondent aux mouvements débit inscrits dans les comptes d'immobilisations au cours de l'exercice concerné

21 – *La participation des salariés est intégrée dans le poste « Charges de personnel » du compte de résultat :*

❒ a. vrai

❒ b. faux

22 – *Le transfert annuel de la dépréciation d'une immobilisation amortissable en amortissement, à des fins fiscales, est constaté :*

❒ a. en résultat d'exploitation

❒ b. en résultat exceptionnel

Corrigé

1 – bonne réponse : ❒ a

Le règlement 2002-10 du Comité de la réglementation comptable entré en vigueur le 1er janvier 2005 a ***modifié*** les règles comptables du Plan comptable général relatives à l'amortissement et à la dépréciation des immobilisations.

L'article 322-1 du Plan comptable général donne la définition suivante d'un actif amortissable :

« Un actif amortissable est un actif dont l'utilisation par l'entité est déterminable ».

L'utilisation d'un actif est déterminable lorsque l'usage attendu est ***limité dans le temps*** du fait de critères physiques (usure), technique (obsolescence) ou juridique (durée de protection, légale ou contractuelle).

2 – bonne réponse : ❒ b

Le Plan comptable général consacre un article (322-4) à la détermination du mode d'amortissement.

Ce dernier peut être calculé en fonction d'unités de temps ou d'unités d'œuvre (nombre de pièces, de km...) de manière à refléter ***au mieux le rythme de consommation*** des avantages économiques attendus de l'actif par l'entreprise. Dans tous les cas, le choix du mode d'amortissement doit être justifié explicitement.

3 – bonnes réponses : ❒ a ❒ d ❒ f ❒ h

Une immobilisation totalement amortie ***continue de figurer*** au bilan tant qu'elle n'est pas cédée ou mise au rebut ; sa valeur nette est ***nulle***.

Seules les immobilisations dont l'utilisation par l'entreprise est ***déterminable*** sont amortissables.

Les immobilisations amortissables suivantes doivent être amorties en mode linéaire et sont donc ***exclues*** du mode dégressif :

– les véhicules de tourisme ou de charge utile inférieure à 2,5 T ;

– les biens acquis d'occasion ;

– les frais d'établissement ;

– les constructions autres qu'hôtelières et ayant une durée de vie supérieure à 15 ans ;

– les biens amortissables qui ont une durée de vie inférieure à 3 ans ;

– le mobilier autre que hôtelier.

D'après les règles comptables, la base amortissable correspond à la valeur brute de l'actif déduction faite de sa valeur résiduelle à condition qu'elle soit ***significative et mesurable***. Fiscalement, la base de l'amortissement est le prix de revient total de l'immobilisation.

Il existe donc sur ce point une ***divergence*** entre les règles comptables et fiscales. En conséquence, il faudra constater un amortissement dérogatoire correspondant à la différence entre la dotation comptable et la dotation fiscalement déductible.

4 – bonnes réponses : ❐ a ❐ b ❐ c

La détermination d'une dépréciation pour les immobilisations corporelles et incorporelles nécessite ***plusieurs étapes obligatoires*** qui se déroulent dans un ordre précis :

- ***rechercher*** à chaque clôture d'exercice l'existence d'un ***indice*** interne ou externe prouvant que l'actif a ***perdu*** sensiblement de sa valeur ;
- ***effectuer*** un ***test de dépréciation*** s'il existe un indice de perte de valeur. Ce test revient à comparer la valeur nette comptable du bien à sa valeur actuelle ;
- ***déterminer*** le montant de la dépréciation, si la valeur actuelle est significativement inférieure à la valeur nette comptable et si l'actif continue à être utilisé.

Lorsque l'indice de perte de valeur a ***diminué ou disparu***, la dépréciation est ajustée ; le plan d'amortissement des actifs amortissables est ***modifié*** en conséquence.

5 – bonne réponse : ❐ a

Pour les actifs amortissables, le montant de la reprise des dépréciations est ***limité***.

La valeur nette comptable d'une immobilisation majorée du montant de la reprise sur dépréciation ne doit ***pas être supérieure*** à la valeur nette comptable sans aucune dépréciation :

Valeur nette comptable + Reprises	≤	Valeur nette comptable sans dépréciation (Valeur brute – Amortissements cumulés)

Ce qui nécessite, pour l'entreprise, l'élaboration de ***deux*** plans d'amortissement :

- un plan sans tenir compte des dépréciations et de leurs ajustements, donc avec une base amortissable correspondant à la valeur d'origine ;
- un plan intégrant dans les calculs l'incidence des dépréciations et de leurs ajustements sur la base amortissable.

6 – bonne réponse : ❒ a

Lorsqu'un fait comptable (règlement d'un client, augmentation de la valeur d'un titre à la date d'inventaire...) ou l'évolution de l'indice de perte a pour effet d'***annuler*** le risque de perte évalué sur le bien ou la créance concerné, il faut à l'inventaire ***annuler la dépréciation*** par le ***crédit*** d'une subdivision du compte « 78 Reprises sur amortissements, dépréciations et provisions ».

Lorsque la charge ou le risque qui a fait l'objet d'une provision pour risques et charges intervient sur un exercice, ou bien dès lors que l'entreprise est certaine que le risque ou la charge ne se réalisera plus, il faut à l'inventaire annuler la provision pour risques et charges par le ***crédit*** d'une subdivision du compte « 78 Reprise sur amortissements, dépréciations et provisions ».

7 – bonnes réponses : ❒ b ❒ d ❒ e ❒ g ❒ j ❒ l

Les dépréciations des créances douteuses se calculent sur le montant ***hors taxes*** de la créance. En cas de non paiement partiel ou total de la part du client, l'entreprise ***récupère*** la TVA initialement collectée et non payée par le client.

Les dépréciations et les provisions ont un caractère ***non définitif***.

La dépréciation, selon le Plan comptable général, est la constatation comptable d'un ***amoindrissement*** de la valeur d'un élément d'actif résultant de causes dont les effets ne sont pas jugés irréversibles.

Les provisions, selon le Plan comptable général, sont destinées à couvrir ***des risques et des charges*** nettement précisés quant à leur objet.

Les amortissements dérogatoires ne constatent pas une dépréciation économiquement justifiée. Ils constituent pour l'entreprise un accroissement temporaire de ses capitaux propres grâce à l'avantage fiscal ainsi accordé. Ils font partie des ***provisions réglementées***.

Lorsque le recouvrement d'une créance est incertain, l'entreprise transfère la créance dans un compte spécifique « 416 Clients douteux » pour son montant toutes taxes comprises. Une dépréciation doit être constatée dès qu'une perte probable apparaît.

L'entreprise doit constituer une dépréciation de ***40 %*** du montant hors taxes de la créance douteuse.

Une créance ***définitivement*** irrécouvrable doit être constatée en ***perte*** et sortie de l'actif. La perte n'est plus probable mais certaine.

8 – bonne réponse : ❒ a

Lors de la vente au client, l'entreprise a collecté la TVA puis elle a réglé à l'État la TVA due correspondant à la période, alors que le client n'a pas réglé la TVA relative à la fraction de la créance devenue irrécouvrable.

Le montant de la TVA qui ne sera jamais perçu par l'entreprise sera ***récupéré*** par celle-ci et porté au ***débit*** du compte « 44571 TVA collectée ».

9 – bonne réponse : ❐ a

Si la valeur à l'inventaire du titre est ***supérieure*** à la valeur d'acquisition, il existe une plus-value latente de la différence qui n'est ***jamais*** comptabilisée ; toutefois, il faut ***annuler*** les dépréciations constituées antérieurement devenues sans objet.

10 – bonne réponse : ❐ b

La provision pour hausse des prix a pour objet d'***aider*** l'entreprise à ***financer ses stocks*** en période de hausse des prix à l'achat. Elle vient ***augmenter***, au même titre que les amortissements dérogatoires, les capitaux propres de l'entreprise.

11 – bonnes réponses : ❐ a ❐ c

La variation des stocks de produits se calcule dans le sens :

Stock final – Stock initial

Lorsque la variation est ***négative***, le stock final est ***inférieur*** au stock initial ; cela signifie que l'entreprise a ***destocké*** des produits. Dans ce cas, la production de l'exercice est inférieure à la production vendue et est égale à :

Production vendue – Production stockée

Lorsque la variation des stocks de produits est ***négative***, le solde du compte « 7135 Variation des stocks de produits » est ***débiteur***.

12 – bonne réponse : ❐ b

À l'inventaire, l'entreprise doit ***actualiser*** ses dettes et créances en monnaies étrangères.

Pour les créances : si le cours du change à l'inventaire est ***inférieur*** au cours du change à la date d'enregistrement de la facture, l'entreprise constate une ***perte latente*** comptabilisée au ***débit*** du compte « 476 Différences de conversion – Actif » par le ***crédit*** d'un compte de créance.

Pour les dettes : si le cours du change à l'inventaire est ***supérieur*** au cours du change à la date d'enregistrement de la facture, l'entreprise constate une ***perte latente*** comptabilisée au ***débit*** du compte « 476 Différences de conversion – Actif » par le ***crédit*** d'un compte de dettes.

13 – bonnes réponses : ❐ b ❐ c

La sortie du patrimoine d'une immobilisation totalement amortie consiste à ***solder*** l'immobilisation et le compte « 28 Amortissements des immobilisations » correspondant pour la ***valeur d'origine***.

14 – bonne réponse : ❐ b

La TVA a été comptabilisée ***lors de l'enregistrement de la facture*** ; l'entreprise a donc exercé son droit à déduction sur la période correspondant à la facturation.

15 – bonne réponse : ❐ a

L'impôt forfaitaire annuel acquitté à partir de 2006 constitue une ***charge déductible*** et n'est plus imputable sur les acomptes ou le solde de l'impôt sur les sociétés versés jusqu'au 31 décembre de la deuxième année suivant celle de son exigibilité. L'IFA doit être comptabilisé au ***débit*** d'une subdivision du compte « 635 Autres impôts, taxes et versements assimilés ».

Le taux d'impôt réduit à 15 % pour les PME s'applique uniquement sur la part des bénéfices ***n'excédant pas 38 120 euros***. Au-delà de ce plafond, c'est le taux normal (33 1/3 %) qui est appliqué.

Le taux de la contribution sociale est appliqué sur la ***fraction*** de l'impôt sur les sociétés supérieure à 763 000 euros et calculée au taux normal de 33 1/3 % et au taux réduit de 15 % sur les plus-values à long terme. Les PME soumises au taux réduit de 15 % en sont exonérées.

16 – bonnes réponses : ❐ a ❐ d

Les comptes de gestion (charges, produits) sont ***soldés*** après l'établissement du compte de résultat, à la clôture de l'exercice « N », afin de respecter le principe d'indépendance des exercices.

Le résultat de l'exercice « N + 1 » sera ainsi ***indépendant*** des charges et des produits de l'exercice « N ».

Pour chaque compte de bilan, on reprend comme ***solde initial***, au début de l'exercice « N + 1 », le solde du compte correspondant ***à la clôture de l'exercice « N »***.

17 – bonnes réponses : ❐ a ❐ c

Les comptes « 28 ... Amortissements des ... » ont un solde ***créditeur*** qui représente le montant des amortissements cumulés de la date d'entrée du bien dans le patrimoine à la date d'inventaire concernée.

Les comptes « 29 – 39 – 49 – 59 Dépréciation des ... » ont un solde ***créditeur*** qui représente le montant de l'***amoindrissement*** de la valeur d'un élément de l'actif à la date d'inventaire concernée.

Les amortissements et les dépréciations figurent à l'actif du bilan en ***déduction*** de la valeur brute comptable des postes de l'actif concerné :

Valeur brute – (Amortissements ou Dépréciations) = **Valeur nette**

18 – bonne réponse : ❐ b

Les sociétés commerciales concernées par l'***obligation*** de dépôt au greffe du tribunal de commerce ou du tribunal de grande instance de leurs comptes annuels sont :

- les sociétés par actions (sociétés anonymes, sociétés en commandite par actions) ;
- les sociétés à responsabilité limitée et les entreprises unipersonnelles à responsabilité limitée ;
- les sociétés en nom collectif dont tous les associés sont des personnes morales (sociétés à responsabilité limitée, sociétés par actions, sociétés en commandite simple) ;
- les sociétés étrangères ayant un établissement en France.

Depuis le 1er juillet 2008, les sociétés concernées peuvent effectuer le dépôt de leurs comptes annuels sur Internet.

19 – bonnes réponses : ❐ b ❐ d ❐ e

D'après l'analyse des ressources et des emplois de l'entreprise et d'après le mécanisme de la partie double, les égalités suivantes se dégagent :

Résultat = Actif – Passif = Produits – Charges

$$\underbrace{\text{Actif} + \text{Charges}}_{\text{Emplois}} = \underbrace{\text{Passif} + \text{Produits}}_{\text{Ressources}}$$

Emplois = Ressources

20 – bonne réponse : ❒ c

Les valeurs portées dans le tableau n° 1 des immobilisations correspondent soit aux ***mouvements***, soit aux ***soldes*** des comptes d'immobilisations :

- colonne « **A** » : ***soldes débiteurs*** des comptes d'immobilisations au premier jour de l'exercice « N » ou bien à la clôture de l'exercice « N – 1 » ;
- colonne « **B** » : ***mouvements « Débit »*** des comptes d'immobilisations pendant l'exercice correspondant le plus souvent à des acquisitions ;
- colonne « **C** » : ***mouvements « Crédit »*** des comptes d'immobilisations pendant l'inventaire correspondant à la sortie de patrimoine en cas de cession, de mise au rebut... ;
- colonne « **D** » : ***soldes débiteurs*** des comptes d'immobilisations à la clôture de l'exercice « N », donc après inventaire.

21 – bonne réponse : ❒ b

La participation des salariés aux résultats de l'entreprise représente le droit pour les salariés de ***bénéficier d'une partie des résultats de l'entreprise***. Ce n'est donc pas une charge de personnel. La participation est comptabilisée dans le compte « 691 Participation des salariés aux résultats ». Elle fait l'objet d'une ***masse particulière*** au compte de résultat.

22 – bonne réponse : ❒ b

Le transfert annuel de la dépréciation d'une immobilisation amortissable en amortissement est comptabilisé dans les comptes :

- « 6871 Dotations aux amortissements exceptionnels » ;
- « 7876 Reprises sur dépréciations exceptionnelles ».

En conséquence, son impact sur le résultat exceptionnel est nul.

IMPRIM'VERT®

Lextenso Éditions – Gualino
N° éditeur : 3044
N° d'imprimeur : 122967
Dépôt légal : août 2009
Achevé d'imprimer en août 2009
par Corlet, Imprimeur S.A. – 14110 Condé-sur-Noireau